et dernière

DEUXIÈME PARTIE

BIBLIOTHÈQUE SCIENTIFIQUE-INDUSTRIELLE ET AGRICOLE

Des Arts et Métiers. III

LES ARTS ET LES PRODUITS CÉRAMIQUES

LA FABRICATION

DES

BRIQUES ET DES TUILES

SUIVI D'UN CHAPITRE

SUR LA

FABRICATION DES PIERRES ARTIFICIELLES

ET D'UNE ÉTUDE TRÈS COMPLÈTE

DES PRODUITS CÉRAMIQUES

POTERIES COMMUNES, PORCELAINES, FAIENCES, ETC.

Ouvrage accompagné de notes, de tableaux avec nombreuses figures dans le texte
et plusieurs planches

PAR MM.

BONNEVILLE, PAUL, A. et L. JAUNEZ.

Ingénieurs manufacturiers, etc., Rédacteurs des ANNALES DU GÉNIE CIVIL

Prix des 2 parties réunies 10 fr.

PARIS

LIBRAIRIE SCIENTIFIQUE, INDUSTRIELLE ET AGRICOLE

Eugène LACROIX, Imprimeur-Éditeur

Libraire de la Société des Ingénieurs civils de France, de celle des anciens Élèves
des Écoles d'Arts et Métiers, de la Société des Conducteurs des Ponts et Chaussées
de MM. les Mécaniciens de la Marine
Fournisseur des Écoles professionnelles, etc., etc.

54, rue des Saints-Pères, 54

LES ARTS

ET LES

PRODUITS CÉRAMIQUES

Imprimerie et Librairie de E. LACROIX, 54, rue des Saints-Pères, Paris.

BIBLIOTHÈQUE SCIENTIFIQUE, INDUSTRIELLE ET AGRICOLE
Des Arts et Métiers, III

LES ARTS ET LES PRODUITS CÉRAMIQUES

LA FABRICATION

DES

BRIQUES ET DES TUILES

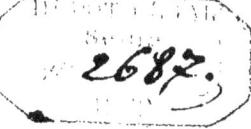

SUIVIE D'UN CHAPITRE

SUR LA

FABRICATION DES PIERRES ARTIFICIELLES

ET D'UNE ÉTUDE TRÈS-COMPLÈTE

DES PRODUITS CÉRAMIQUES

POTERIES COMMUNES, PORCELAINES, FAIENCES, ETC.

Ouvrage accompagné de notes, de tableaux avec nombreuses figures dans le texte
et plusieurs planches

PAR MM.

BONNEVILLE, PAUL, A. et L. JAUNEZ.

Ingénieurs manufacturiers, etc., Rédacteurs des ANNALES DU GÉNIE CIVIL.

10 francs

PARIS

LIBRAIRIE SCIENTIFIQUE, INDUSTRIELLE ET AGRICOLE

Eugène LACROIX, Imprimeur-Éditeur

Libraire de la Société des Ingénieurs civils de France, de celle des anciens Élèves
des Écoles d'Arts et Métiers, de la Société des Conducteurs des Ponts et Chaussées
de MM. les Mécaniciens de la Marine
Fournisseur des Écoles professionnelles, etc., etc.

54, rue des Saints-Pères, 54

PRÉFACE DE L'ÉDITEUR

Le livre que nous éditons n'a pas la prétention d'être une technologie complète de l'*Art Céramique*. Notre but est plus modeste, sans pour cela être moins utile.

En réimprimant l'excellent travail de M. Bonneville, nous avons voulu, pour le compléter, grouper à sa suite tous les travaux, les mémoires et les notes parus sur cette question dans nos publications périodiques.

Plusieurs auteurs ont déjà traité ce sujet. M. Challeton de Brughat a fait paraître un *Art du Briquetier*, livre très-intéressant d'ailleurs, mais incomplet en un grand nombre de points essentiels et qui, entre autres, a le tort de renvoyer beaucoup d'explications à des planches qui n'existent pas dans l'ouvrage.

Un autre auteur que nous ne nommerons pas, a publié sous le titre prétentieux de *Guide du Briquetier*, une simple compilation formée des travaux parus soit dans les *Annales du Conservatoire*, soit dans les *Annales du Génie civil*, soit, enfin, des extraits des notes sur la *Fabrication des Briques et des Tuiles*, de M. Bonneville.

Nous ne passerons point en revue les autres livres spéciaux : les travaux de Bastenaire-d'Audenare sont aujourd'hui devenus

très-rares. Nous pourrons encore citer le Traité de M. Brongniart
sur la Céramique et celui de Ziegler.

Le travail que nous donnons aujourd'hui doit être considéré
comme une sorte de Manuel que les gens du métier ne pourront
se dispenser de consulter.

M. Bonneville expose avec une grande lucidité les différents
systèmes de fabrication, il mentionne tous les faits se rapportant
à la question.

Nous avons exposé, par l'addition de notes, rédigées sous une
forme succincte, les différentes améliorations, les applications les
plus nouvelles de l'*Art Céramique*.

Ces études, placées méthodiquement après le travail principal,
le complètent, le corroborent et font, de l'ensemble, le tableau
exact et impartial de l'*Art Céramique* en 1873.

C'est ainsi que nous avons consacré une longue note à la fabrication des *Bétons Agglomérés* de notre compatriote, M. Coignet, et une autre étude à la fabrication de la *Pierre Artificielle*,
par un inventeur anglais, M. Ransome.

De la sorte, rien d'essentiel, nous l'espérons, ne nous aura
échappé. Aussi croyons-nous avoir atteint le but que nous nous
étions proposé.

E. L.

TABLE DES MATIÈRES

PREMIÈRE PARTIE.

Fabrication des Briques et des Tuiles.

DEUXIÈME PARTIE.

TROISIÈME PARTIE.

FIN DE LA TABLE DES MATIÈRES.

LA FABRICATION

DES

TUILES ET DES BRIQUES

ET LES PRODUITS

DE LA CÉRAMIQUE

DEUXIÈME PARTIE

POTERIES DIVERSES, FAÏENCES FINES, PORCELAINES, ETC.

PARIS

LIBRAIRIE SCIENTIFIQUE, INDUSTRIELLE ET AGRICOLE

Eugène LACROIX, Imprimeur-Éditeur

Libraire de la Société des Ingénieurs civils de France, de celle des anciens Élèves
des Écoles d'Arts et Métiers, de la Société des Conducteurs des Ponts et Chaussées
de MM. les Mécaniciens de la Marine
Fournisseur des Écoles professionnelles, etc., etc.

54, rue des Saints-Pères, 54

DEUXIÈME PARTIE

LES PRODUITS CÉRAMIQUES

PAR

MM. A. ET L. JAUNEZ

CHAPITRE Ier

HISTORIQUE

Sous cette dénomination de « PRODUITS CÉRAMIQUES, » on range une immense variété de produits qui ont tous pour base et pour point de départ le travail des argiles.

Parfois les argiles composent à elles seules la pâte plastique qui forme le fond, et pour ainsi dire le corps de cette industrie (les Anglais l'appellent *body* pour ce motif) ; mais dans le bien plus grand nombre des cas, elles sont mêlées à une multitude d'autres matériaux, variant selon le but qu'on se propose.

La brique la plus commune et les porcelaines les plus délicates sont donc de la famille des produits céramiques. L'innombrable variété de ces produits fait qu'il est presque impossible d'en tracer une classification satisfaisante et rationnelle.

Néanmoins, comme ce n'est pas ici le lieu de faire un traité de céramique, mais bien de communiquer à nos lecteurs sous une forme claire et facilement intelligible les observations que nous ont suggérées les produits de ce genre qui figurent à l'Exposition universelle de 1867, nous avons cherché à diviser tous les produits céramiques en sept classes principales, dont chacune se distingue des autres, soit par des caractères généraux, soit par les procédés et les matières employés dans le cours de la fabrication, ou par le nombre des manipulations auxquelles ont été soumis les produits qui y figurent.

Il est presque banal de rappeler ici que l'art du potier est sans contredit un des plus anciens, et que la réflexion la plus superficielle nous démontre son antériorité sur presque tous les autres arts.

En effet, après le soin de sa défense, de son alimentation et de son vêtement, l'homme primitif a dû être amené aussitôt à la confection de vaisseaux plats et creux, capables de contenir l'eau dont il s'abreuve, et se prêtant à la conservation et à la cuisson des aliments dont il se nourrit. La poterie répondait donc à un besoin primordial, et a dû être par conséquent un des arts fondamentaux révélés à l'homme, art qui, en lui enseignant à se servir de ses mains avec dextérité, lui apprit en même temps à se soumettre la matière, et à la faire concourir à son bien-être, après l'avoir transformée par son travail. Et c'est cette tâche même que l'humanité poursuit depuis tant de siècles, avec de pénibles efforts, couronnés enfin de nos jours par des résultats si merveilleux.

La facilité avec laquelle on peut faire prendre à l'argile détrempée la forme voulue, et la dureté que certaines de ses variétés acquièrent déjà par une simple dessiccation, ont dû indiquer et provoquer son emploi et son façonnage dès les premiers âges du genre humain.

La cuisson de la poterie a dû suivre d'assez près l'emploi de la poterie crue (non cuite); surtout parce que celle-ci était impropre à contenir l'eau, qu'elle absorbait rapidement pour bientôt se ramollir et se rompre ; tandis qu'une faible cuisson écartait cet inconvénient et suffisait pour donner à cette vaisselle grossière une solidité qui permettait d'en multiplier les usages.

Si les anciens, qui étaient de si grands maîtres dans les arts plastiques, nous ont légué des spécimens de leurs poteries, remarquables par la beauté ou la dimension de leurs formes, et par la diversité de leurs dénominations et de leurs usages ; si le rôle solennel, en quelque sorte, que la coutume antique de conserver les cendres des défunts dans des urnes funéraires, conférait à l'art du potier, nous porte à croire que cet art jouissait alors d'une grande considération, et que ses produits étaient aptes à satisfaire à une foule de besoins et d'exigences; nous sommes pourtant forcés de confesser que (abstraction faite de la Chine), les anciens sont restés à moitié chemin dans cette industrie ; et qu'ils n'ont connu qu'imparfaitement l'art de recouvrir leurs poteries d'émaux ou d'enduits cristallins. C'est du moins la conviction qu'on acquiert en parcourant les collections et les musées d'antiquités, où tout ce qu'il est possible de découvrir qui ressemble à un émail ou à une glaçure de nos jours, se réduit à une sorte d'enduit très-mince, noir ou brun, et ne présentant qu'à très-petite dose les caractères d'une couverte vitrifiée [1]. Et pourtant les anciens connaissaient la fabrication du verre et celle des émaux fins appliqués à la bijouterie ; et selon le témoignage de Théophraste, de Dioscoride et de Pline l'Ancien, ils savaient préparer le blanc de plomb, la litharge et le minium.

On se demande avec étonnement comment, avec ces connaissances, ils n'ont pas été amenés à appliquer sur leur poterie ce vernis si simple, si primitif et si fusible, composé d'oxydes ou de sulfure de plomb?

Le fait est qu'on ne trouve pas trace d'un émail plombifère sur les poteries antiques.

N'ayant point de notion de l'acide borique, et ne faisant point usage des propriétés fondantes des oxydes de plomb (car il est difficile d'admettre qu'ils aient ignoré ces propriétés), ils étaient privés des deux agents les plus énergiques de la vitrification, et devaient nécessairement échouer dans leurs tentatives d'appliquer une glaçure à leurs poteries. Les hommes du métier savent que le verre ordinaire (silicate alcalin et calcaire) est impropre à former une glaçure sur la poterie ordinaire, et cette circonstance jointe aux qualités trop peu réfractaires des pâtes dont se servaient les anciens, nous explique en partie cette absence étonnante de poteries vernissées dans tout ce qui nous reste de produits antiques de ce genre.

On pourrait admettre encore que les anciens se sont servis, pour vernir leurs poteries, de ces silicates alcalins si fusibles, que nous appelons aujourd'hui verre soluble, et qui composent un verre assez altérable pour avoir pu être complétement dévitrifié dans le cours des siècles, par un séjour prolongé sous terre; de sorte que des produits primitivement vernis nous seraient parvenus dans un état d'altération qui n'y laisse plus discerner les caractères d'une couverte glacée.

On peut donc conclure de ce qui précède, que les Romains et les Grecs n'ont pas fabriqué de poteries vernies ou émaillées à la manière de nos produits mo-

---

1. Selon les analyses publiées par M. Brongniart, dans son *Traité des arts céramiques*, ces vernis antiques, qu'il appelle lustres, observés surtout sur les vases campaniens, étaient de nature silico-alcaline, et formaient sur les pièces des couches excessivement minces. Des expériences nombreuses, faites par nous-mêmes, nous permettent d'avancer qu'on peut obtenir des glaçures de ce genre, assez fusibles, à condition que les pâtes contiennent une certaine dose de chaux.

dernes ; car de tous les produits du travail humain, la poterie est celui qui résiste le mieux au temps, et nos collections devraient, dans le cas contraire, nous en montrer de nombreux exemplaires.

La porcelaine et la poterie vernie, connues et fabriquées dès l'antiquité la plus reculée par les peuples de l'extrême Orient de notre hémisphère ont-elles exercé une influence sur le développement des arts céramiques chez les nations antiques qui habitaient la Perse, la Syrie, l'Égypte? Cet art s'est-il propagé de la Chine au moins par quelques-unes de ses pratiques, à travers le continent asiatique ? Le peu de documents qu'on possède paraissent insuffisants pour débrouiller cette question ; mais il est constant que c'est de l'Orient que nous sont venus les premiers échantillons de produits céramiques vernissés. C'est, à ce qu'il semble, après les invasions arabes, vers les neuvième et dixième siècles de notre ère, que la poterie émaillée commence à se produire en Europe, à la suite des travaux et des recherches des savants chimistes arabes, Geber, Avicenne, Averrhoès, lesquels ont dû puissamment contribuer aux progrès de cet art, par leurs connaissances spéciales sur un grand nombre de composés chimiques et sur les propriétés de ces corps.

Nous savons que les Persans, les Arabes et les Mores d'Espagne ornaient leurs édifices de carreaux émaillés, et l'on connaît des vases de faïence provenant du célèbre palais de l'Alhambra de Grenade. Ces inventions et perfectionnements des arts céramiques passèrent insensiblement de l'Orient et de l'Espagne dans le reste de l'Europe, où ils apparurent au moment de l'épanouissement général de l'art gothique vers le treizième siècle.

Cependant, ce n'est qu'à l'époque de la Renaissance, au quinzième et au seizième siècle, que nous voyons en Italie et ensuite en France et en Allemagne se développer l'industrie de la faïence. Cette époque produisit des chefs-d'œuvre. Les plats et les assiettes décorés d'émaux de couleur brillante que nous voyons figurer dans les collections publiques et dans les galeries d'amateurs ont des mérites techniques et artistiques très-éminents.

La faïence conserva la vogue en Europe comme poterie fine, usuelle et de luxe jusqu'à l'extension de la fabrication des porcelaines dures et tendres et des faïences fines à glaçure transparente (terres de pipe, porcelaine opaque), dont l'invention se fit au commencement et dans le cours du dix-huitième siècle.

On connaissait depuis longtemps déjà, et on admirait la porcelaine de Chine, mais sans pouvoir pénétrer le secret de sa fabrication. Une porcelaine tendre artificielle précéda de quelques années en France (1695), la découverte de la véritable porcelaine faite en Allemagne, en 1709.

A dater de cette époque, les arts céramiques firent des progrès rapides, immenses ; et l'on vit surgir une quantité d'objets usuels et de luxe, d'art et de ménage, obtenus par les procédés techniques les plus divers ; porcelaines tendres anglaises, porcelaines dures allemandes et françaises, grès-cérames, faïence fine moderne (ou porcelaine opaque), etc.

Toutes ces branches florissantes de l'art céramique moderne, se multipliant et se perfectionnant d'année en année, ont insensiblement évincé l'ancienne faïence.

Cette dernière ne se soutiendra plus que dans un petit nombre d'établissements, grâce à quelques bonnes qualités particulières, notamment la blancheur et la dureté de son émail, qualités qui peuvent encore justifier l'usage de cette faïence, et expliquer qu'on lui donne encore dans quelques cas, malgré sa lourdeur et sa cherté comparatives, la préférence sur certaines faïences modernes à pâte blanche et à glaçure transparente, mais de qualité médiocre.

La faïence fine de nos jours, qu'on a appelée successivement et improprement cailloutage, terre de pipe, porcelaine opaque, et que nous appellerons tout court, faïence moderne, se fabrique aujourd'hui en masses énormes, dans de vastes établissements anglais, français, allemands, belges, et est devenue une industrie des plus importantes, tenant le pas, en fait de perfectionnements techniques et scientifiques, avec les autres grandes industries du siècle.

Après cet aperçu historique bien sommaire que nous avons cru devoir tracer, en guise d'introduction à notre étude, nous commencerons notre tâche proprement dite en exposant la manière dont nous classons les différents produits de l'art céramique, et l'ordre dans lequel nous étudierons ses manifestations les plus remarquables à l'Exposition universelle.

Classification des produits céramiques.

1re *classe* : Argile ou mélange d'argiles façonnées et soumises à une seule cuisson. Dans cette classe se groupent : les briques, les tuiles, les tuyaux de drainage, les pavés artificiels, et en général les articles en terres cuites.

La plupart des poteries antiques rentreraient aussi dans cette catégorie, si nous avions à nous en occuper.

2e *classe* : Argile ou mélange d'argiles additionnées de quelques autres matières pilées ou broyées, façonnées et cuites en une seule fois.

Cette classe comprend : les briques réfractaires, les grès-cérames, les carreaux-dalles, les figurines en biscuit, parian et autres compositions analogues.

3e *classe* : Argile ou mélange d'argiles façonnées, cuites en une seule fois, mais recouvertes avant ou pendant la cuisson d'un enduit vitrifiable et transparent après sa fusion.

Les poteries tendres les plus communes à vernis plombeux ainsi que les grès durs communs lustrés au sel marin, appartiennent à cette classe.

4e *classe* : Argile ou mélange d'argiles façonnées et cuites une première fois, puis recouvertes d'un émail presque toujours blanc et opaque, quelquefois coloré et plus ou moins transparent, soumises ensuite à une seconde cuisson ayant pour objet de faire fondre l'émail sur la pièce. Cette classe se compose de faïences proprement dites, telles que les ont créées les Lucca della Robbia, les Bernard Palissy, et leurs imitateurs et successeurs.

Nous devons faire observer ici que par cette expression de *mélange d'argiles*, nous n'excluons pas l'argile marneuse très-fréquemment employée dans les quatre classes de poteries que nous venons d'énumérer.

5e *classe* : Argile ou mélange d'argiles additionnées de matériaux divers, et formant une composition qui, après avoir été façonnée et cuite une première fois, est recouverte d'une couche de verre transparent, et puis passée une seconde fois au feu qui doit fondre ce verre. Les produits de cette classe ne sont pas translucides et comprennent la faïence fine moderne connue diversement sous la dénomination de : terre de pipe, cailloutage, porcelaine opaque (en anglais: *Earthen-ware*, *Ironstone*, en allemand : *Steingut*).

6e *classe* : Même marche de fabrication et mêmes procédés que ceux de la classe précédente, avec cette différence que les produits sont *translucides*, après avoir reçu une première cuisson.

Nous rangeons dans cette classe les différentes variétés de porcelaines tendres, mais notamment la porcelaine anglaise à os, la plus importante de toutes.

7e *classe* : Argile blanche, connue sous le nom de kaolin ou terre à porcelaine, additionnée de quelques autres substances et formant une pâte, qui après avoir été façonnée et soumise à une première et faible cuisson, est revêtue d'une couverte feldspathique et recuite ensuite à une très haute température destinée à fondre la couverte, et à donner au produit la translucidité requise. Cette classe est celle de la véritable porcelaine, de la porcelaine dure d'Allemagne, de France et de Chine. C'est de tous les produits céramiques celui qui reçoit le plus de feu.

Après avoir ainsi classé les produits céramiques, nous croyons devoir ajouter, pour éviter toute confusion, quelques explications sur les différentes espèces de glaçures, et sur les distinctions qu'il y a à faire entre les nombreuses manières de décorer les produits céramiques.

En ce qui concerne les glaçures, nous adopterons les dénominations de M. A. Brongniart. Ce savant et regretté directeur de la manufacture de Sèvres applique le nom général de *glaçures* à tous les genres d'enduit vitrifié ; mais il appelle plus particulièrement *vernis*, la glaçure plombifère ou entièrement plombeuse des poteries communes; il appelle *émail*, la glaçure blanche, opaque et stannifère des faïences, et *couverte*, la glaçure feldspathique des porcelaines dures. Nous conserverons ces dénominations, en donnant également le nom de couverte aux glaçures à borax des faïences fines et des porcelaines tendres.

Pour ce qui est de l'art d'orner et de décorer les produits céramiques, au moyen de couleurs, de métaux, de lustres, de pâtes et d'émaux colorés, branche si importante de l'industrie céramique par la multitude de ressources et de procédés dont elle dispose de nos jours, par l'accroissement de valeur souvent très-considérable que les produits en reçoivent, nous le diviserons en quatre catégories, tout en déclarant qu'il y a mille manières de varier et de rehausser l'aspect des produits céramiques, lesquels sont tous susceptibles, quelle que soit leur nature, d'être décorés d'une façon ou de l'autre, et même de participer à plusieurs décors à la fois.

Nous distinguerons :

Premièrement le décor sur la pièce crue, avant toute cuisson, par le moyen des incrustations, des reliefs, des engobes et des marbrages.

Secondement, le décor sur la pièce cuite une première fois, et encore exempte de glaçure, comprenant la peinture et l'impression sur biscuit, et plus rarement l'engobage, qui est une application de la couleur par immersion.

Troisièmement, le décor en couleurs vitrifiables, appliquées sur émail ou sur couverte transparente, consistant en peintures et en impression de gravures, de lithographies et même de photographies. Quelquefois, sur les faïences, la peinture se pratique sur l'émail cru, avant sa fusion.

Quatrièmement, le décor au moyen d'émaux et de verres colorés, employés isolément ou superposés et juxtaposés.

Ici le décor remplit le double rôle de glaçure et d'ornement de couleur.

Le procédé suivant a permis d'obtenir des produits de toute beauté, et de grande valeur. Les plus anciens spécimens de cette fabrication existent dans le musée de Dresden : il est regrettable que depuis que M. Utzschneider de Sarreguemines a poussé ce genre de fabrication à un si haut point de perfection, aucun potier, à notre connaissance, ne s'en soit occupé. Ce procédé consiste à mêler des pâtes céramiques de couleurs différentes à la manière des stucs, et, après leur cuisson, à les tailler et les polir à l'instar des agathes et des cristaux.

Nous ne mentionnerons que pour mémoire la catégorie de potiches et d'objets d'étagères, vernis et coloriés à l'huile. Ce genre de terres cuites, connues en Allemagne sous le nom de *sidérolithes*, se fabrique dans un petit nombre d'usines de Saxe et de Bohême. Leur vernis gras, passé simplement à la chaleur du séchoir, n'est plus un glaçure céramique, et par suite, l'emploi de ces objets est très-limité.

Les poteries appelés à la construction.

Après avoir expliqué sommairement à nos lecteurs les modes de fabrication des différentes espèces de produits céramiques, et l'ordre de classement dans lequel nous les examinerons, nous nous hâterons d'entrer en matière, en commençant par la revue des produits de la première classe, laquelle comprend, comme nous l'avons dit, les objets fabriqués seulement avec de l'argile ou un mélange d'argiles, et n'ayant subi qu'une seule cuisson.

Dans ce genre de produits très-nombreux et très-divers, que l'on peut considérer comme formant l'assise rudimentaire et fondamentale de la poterie, nous signalerons les briques ordinaires à bâtir et les tuiles, les briques de carrelage, les pavés artificiels, les tuyaux pour drainage, conduites d'eau, cheminées, les moulures d'ornement en terre cuite pour bâtiments, les balustres, figures, groupes d'animaux, les corbeilles et les vases de jardin, les pots de fleurs et les suspensions, enfin une multitude d'objets et d'ustensiles destinés aux usages les plus divers.

Les produits essentiels de cette classe, les briques et les tuiles, étaient peu nombreux à l'Exposition universelle, et, vu leur dispersion, non-seulement dans les galeries du palais, mais encore dans les recoins les plus reculés du parc, nous n'oserions affirmer d'avoir pu les rencontrer et les examiner tous.

La fabrication de la plupart de ces objets ne présente pas de bien grandes difficultés à vaincre. Le choix d'une bonne argile, la préparation de la pâte, une dessiccation lente et bien ménagée après le façonnage des pièces de grandes dimensions, enfin une cuisson de température peu élevée donnée dans des fours de construction plus ou moins primitive, telles sont les opérations principales de la fabrication des terres cuites.

Si les produits de cette classe n'ont pas le don de présenter beaucoup d'attraits aux amateurs de céramique (indépendamment de l'intérêt archéologique qui s'attache naturellement aux produits déjà anciens), ils ont néanmoins une importance très-grande par le rôle qu'ils jouent dans les constructions. Partout où la pierre manque, la brique vient généralement la remplacer ; des villes entières, comme Londres, par exemple, sont construites en briques, et couvertes le plus souvent en tuiles.

La bonté et la durée de telles constructions dépendent entièrement de la qualité des produits employés, y compris bien entendu le mortier, si important dans son rôle de cimenter d'une manière plus ou moins solide les briques entre elles. Les briques et les tuiles peuvent être de très-mauvaise qualité, et dès lors, celles exposées à l'air se détériorent très-promptement, surtout par l'effet des gelées ; comme aussi elles peuvent être de qualité excellente, et résister presque indéfiniment à toutes les intempéries. La cuisson plus ou moins forte, et la nature des argiles employées sont les deux conditions essentielles dont dépend la qualité bonne ou mauvaise des produits. Les constructeurs qui emploient la brique dans les pays où l'usage de ces matériaux artificiels est restreint, et où par conséquent on ne possède que peu de données pour constater leurs qualités, ne sauraient donc trop s'assurer de la bonté de ces produits avant de les employer à l'extérieur ; à l'intérieur ces inconvénients n'existent pour ainsi dire pas.

La brique s'emploie aussi très-fréquemment comme pavé ; et c'est sans contredit le pavage le plus économique, et d'un excellent usage, lorsque la brique est bonne et fortement cuite ; c'est ce qu'on peut constater dans un grand nombre de villes d'Angleterre, où les trottoirs sont construits en briques. On remarquait à l'Exposition pour cet emploi, parmi les produits anglais, des briques cannelées et des pavés d'excellente qualité exposés par la compagnie Bishops-Waltham.

LES POTERIES DE CONSTRUCTION.

Les pavés de brique deviennent en revanche détestables, lorsqu'on se sert pour cet effet de briques inégalement et peu cuites.

Un tel pavage s'use promptement et présente en outre l'inconvénient grave qu'au bout de quelque temps les briques les plus tendres, en s'usant plus que les autres, produisent des creux et par suite une surface inégale et raboteuse des plus incommodes et des plus désagréables. L'observation ci-dessus s'applique aussi au carrelage.

Généralement, les briques ordinaires peu cuites se reconnaissent à leur teinte jaune rougeâtre, et se laissent facilement entamer au couteau ; tandis que celles qui sont bien cuites, ont une couleur rouge-brun, plus ou moins foncée, selon l'intensité du feu qu'elles ont reçu. La bonne brique pour pavé, loin de se laisser entamer au couteau, doit faire feu au briquet.

Pourtant, il y a des variétés d'argiles qui, nonobstant une faible cuisson, sont susceptibles de donner de bonnes briques, résistant bien à l'action atmosphérique. L'expérience ici devient le guide le plus sûr. En résumé, on devra toujours préférer les briques les plus cuites pour les murs extérieurs, et n'employer les plus tendres qu'à l'intérieur des bâtiments.

Ce qui est vrai pour les briques, l'est aussi, et à plus forte raison, pour les tuiles, qui, elles aussi, se détériorent d'autant moins vite qu'elles sont plus dures et moins perméables. La végétation ne doit pas s'y établir, comme cela s'observe sur les tuiles mal cuites. C'est pour obvier à ce défaut de tuiles ordinaires, qu'on a fabriqué des tuiles vernissées et émaillées, progrès qui, outre son utilité, contribue encore à embellir les toitures. C'est de l'Orient que nous est venu l'exemple de ce perfectionnement, tout récent encore dans nos contrées, et qui est d'un usage déjà répandu à Munich.

Il ne faut pas omettre d'observer que plus ces genres de produits sont fortement cuits, plus ils deviennent coûteux et sujets à se déformer, motifs qui déterminent naturellement les fabricants à ne donner à leurs produits que le feu qu'ils jugent rigoureusement nécessaire ; c'est là une règle qu'il importe surtout de suivre dans la fabrication des tuiles mécaniques ; car il est indispensable que ces tuiles restent droites, de dimensions exactes, et égales entre elles.

Depuis que l'on fait des tuiles à la presse, on en a varié les formes d'une infinité de façons ; soit dans le but d'améliorer, soit dans le dessein de faire à ces formes des changements que l'on ne pût pas copier. — L'avantage que présentent ces tuiles sur les anciennes tuiles creuses, c'est que pour couvrir une même surface que celles-ci, leur poids n'est que de moitié. Elles pèsent en moyenne trois kilogrammes, il en faut de douze à treize pour couvrir un mètre carré. Lorsqu'elles sont bien faites et bien posées surtout, la neige ne pénètre pas au travers, et elles n'exigent pas plus de pente que les tuiles creuses. Quant à la tuile plate, et à la tuile flamande en S, on sait qu'elles exigent beaucoup de pente, et que l'on est obligé de poser cette dernière avec torchis de paille ou mortier pour s'opposer au passage de la neige.

La tuile flamande pèse 2 kilogrammes ; il en faut vingt pour couvrir un mètre carré. Nous ajouterons encore les renseignements suivants à ce que nous avons déjà dit au sujet des briques à bâtir.

Les dimensions que l'on donne aux briques ordinaires sont très-variables ; les plus usitées en France nous ont paru être celles de 11 centimètres pour la largeur, 22 centimètres pour la longueur et 5 centimètres pour l'épaisseur. En Angleterre, les dimensions les plus ordinaires pour la brique à bâtir sont 23c,8mm de long, sur 11c,5mm de large et 7c,7mm d'épaisseur.

Pour avoir un bon appareillage avec la brique, on doit lui donner en longueur un peu plus du double de sa largeur, afin que deux largeurs avec le joint en mortier soient égales à la longueur.

La brique creuse a pris depuis quelques années une importance considérable dans les constructions ; aussi en a-t-on beaucoup varié les formes et les vides. A la première grande exposition de Londres (en 1852) on voyait déjà des modèles de maisons d'ouvriers bâties entièrement en briques creuses.

La brique creuse, à raison de sa légèreté, convient très-bien pour cloisons ; elle est employée presque exclusivement pour les petites voûtes entre les fers à T. Toutefois, on a déjà fabriqué, en poterie, des voussoirs tout d'une pièce, pour former la voûte entre les fers à T.

Ordinairement la brique et la tuile se fabriquent dans les mêmes établissements, et une multitude d'autres articles dont le nombre grandit journellement avec les progrès de l'industrie céramique, viennent multiplier les ressources et la production de cette branche manufacturière. Ainsi, l'on fabrique encore en terre cuite, indépendamment des objets déjà énumérés plus haut, des entrevoies pour planchers et plafonds, des faîtières plus ou moins ornées, des extrémités de cheminées, lanternes et mitrons, des chaperons de murs, etc.

Il se peut qu'une partie des produits dont nous venons de parler appartiennent par suite d'additions faites aux pâtes argileuses, à la seconde de nos catégories de produits céramiques. Ainsi, par exemple, les briques, même ordinaires, sortant de certaines usines de Paris, sont faites avec un mélange d'argile et de cendres de houille tamisées ; mais nous nous garderons de trop insister sur ces distinctions, de peur de les rendre fastidieuses à force de les répéter. Tous les produits céramiques les plus différents se relient les uns aux autres par quelque côté, et souvent les transitions tendent à effacer les caractères distinctifs les plus tranchés.

Parmi les produits céramiques de la première classe dont nous venons de nous occuper, ceux qui ont le plus fixé notre attention, sont ceux de MM. Emile Muller et Cᵉ, quai d'Ivry (Seine).

Les produits de la Société Ch. Avril et Cᵉ, à Montchanin-les-Mines.

Les produits de la tuilerie de Bèze (Côte-d'Or), et ceux de M. Damiens, à Villenavotte (Yonne) ; — les très-beaux produits de MM. Gilardon, frères, à Altkirch (Haut-Rhin).

De l'exposition de Billancourt, nous signalerons les beaux tuyaux pour conduits d'eau fabriqués par M. Constant Zeller (du Haut-Rhin), et les produits de M. Reynaud-Pillard, près Troyes.

Nous ne nous occuperons pas ici des figurines, bustes, statuettes en terre cuite, parce que ces objets, quoique obtenus et fabriqués par des procédés analogues à ceux que nous avons décrits pour les produits de cette classe, rentrent trop évidemment dans le domaine de la sculpture et de l'art pur ; nous nous dispensons également de parler plus longuement des poteries anciennes, après ce que nous en avons déjà dit dans notre introduction.

Cette catégorie d'un intérêt purement archéologique était représentée à l'Exposition dans les galeries affectées à l'histoire du travail. Il ne nous est pas possible de citer tous les exposants de produits dont il vient d'être question ; nous les prions de ne pas mal interpréter cette omission, en nous attribuant, à leur égard, un parti pris bien contraire à nos intentions.

L'ART CÉRAMIQUE

CHAPITRE II

Les produits appliqués à l'industrie.

Produits céramiques cuits en une seule fois, et dont la pâte est composée d'une ou de plusieurs argiles mélangées, additionnées de quelques autres matières pilées ou broyées, ayant pour effet de communiquer à cette pâte des qualités diverses, tantôt réfractaires, tantôt fondantes, ou une texture plus ou moins serrée, ou enfin d'atténuer les effets de dilatation et de retraite.

Nous signalerons comme se classant sous cette rubrique :

1. Les briques et les creusets réfractaires, les cornues à gaz, les fourneaux et les cornues de chimie, les moufles et les autres ustensiles en terre employés dans les arts et les laboratoires.

2. Les grès cérames, les biscuits (ou grès blancs) et les parians (grès blanc-jaunâtre, translucide, rappelant l'ivoire et l'albâtre).

3. Les carreaux-dalles et les carreaux-mosaïques, les terra-cotta, et en général les autres produits céramiques non vernissés qui ne sont pas composés uniquement de préparations d'argiles naturelles.

---

1. Les *briques réfractaires*, ainsi appelées parce qu'elles sont destinées à résister, sans se détériorer trop vite, aux plus hautes températures et à l'action directe des foyers les plus ardents, sont indispensables dans un grand nombre d'industries, et servent à garnir ou revêtir toutes les parois murées exposées à l'action d'une combustion intense, rôle que ne pourraient remplir convenablement les briques ordinaires ou les pierres naturelles.

On demande aux briques réfractaires de satisfaire à des conditions souvent très-différentes les unes des autres; aussi en faut-il de propriétés diverses pour répondre aux diverses exigences.

Toutefois, ce sont celles qui doivent supporter les températures les plus élevées et les plus prolongées, comme par exemple dans la fabrication de l'acier Bessemer, qu'on a le plus de difficulté à fabriquer et à se procurer.

Il est à remarquer que les substances avec lesquelles les briques sont le plus souvent en contact à de hautes températures attaquent et détruisent celles-ci très-promptement; effet qui n'aurait pas lieu, sans la présence de ces substances, soulevées du foyer et entraînées par le tirage.

On comprendra, d'après ces explications, qu'on ne peut juger de la qualité et de la convenance d'une brique réfractaire, dans chaque cas particulier, qu'après l'avoir soumise à l'essai. Il y a en France de nombreux établissements pour la production des briques et des autres articles réfractaires; et, d'autre part, beaucoup d'usines fabriquent elles-mêmes ceux de ces produits dont elles ont besoin pour leur usage.

Nous avons remarqué à l'Exposition, parmi les produits de ce genre, ceux de la maison Muller et Cie, déjà citée, et que nous mentionnons encore avec éloge, sans pouvoir cependant nous prononcer, à simple vue, sur la bonté et la valeur réelle de ces articles, précisément par les raisons que nous venons d'alléguer plus haut. Tout ce que nous pouvons dire à ce sujet, c'est que ce sont encore les bonnes briques réfractaires d'Écosse, fabriquées avec des schistes houillers, qui sont les plus estimées.

Dans l'exposition anglaise, nous signalerons les produits de MM. Doulton et Cie, à Londres; fabricants qui, au surplus, jouissent déjà d'une réputation considérable et méritée.

De même que les briques, les creusets doivent avoir, selon l'emploi auquel ils sont destinés, des qualités particulières, qualités qui dépendent beaucoup de la nature de l'argile employée.

La réputation des creusets de Hesse est universelle, et c'est assurément aux propriétés spéciales de l'argile employée qu'ils doivent leurs précieuses qualités.

A quelques exceptions près, les creusets soit de verrerie, soit destinés à la fonte des métaux, sont faits d'argile plastique et réfractaire, mêlée à du ciment provenant tantôt de débris bien nettoyés d'anciens creusets, tantôt de terres fortement calcinées, puis grossièrement broyées.

Il existe néanmoins quelques argiles avec lesquelles on peut fabriquer des creusets réfractaires, sans addition d'aucune autre substance. C'est ici le lieu de mentionner également les creusets en graphite ou plombagine, qui se fabriquent dans les contrées où ce minéral est assez abondant, notamment en Angleterre et en Bavière, près de Passau.

Nous citerons ici les creusets en plombagine et ceux en terre réfractaire de MM. Doulton et Cie, ceux de M. Beyeux et de M. Goyard, de Paris; mais nous ne saurions trop répéter que cette sorte de produits ne saurait se juger par l'aspect, et que les meilleurs renseignements qu'on puisse se procurer sur leur compte seront fournis par les personnes qui en font usage. Nous pouvons cependant recommander comme excellents les creusets renommés de la maison Couenne-Hatier (ancienne maison Beaufay). Les fabricants d'acier fondu, ainsi que les verriers, font eux-mêmes leurs creusets. La fabrication des pots de verrerie exige beaucoup de soins, surtout pour le séchage, qui doit se faire dans des étuves, et très-lentement. On tâche de n'employer ces creusets, quand c'est possible, qu'au bout de six mois de dessiccation.

Les cornues à gaz sont également des pièces difficiles à bien faire, car on leur donne jusqu'à 10 centimètres d'épaisseur, et leur texture doit être assez serrée pour qu'il n'y ait pas de déperdition de gaz.

Nous avons encore remarqué, pour cette spécialité, les produits de MM. Müller et Cie, à Ivry; ceux de M. Jousseaux, à Ivry; ceux de MM. Dahfol et Huet, à Paris, et ceux de MM. Doulton et Cie.

Fourneaux de laboratoire. — Moufles. — Cette fabrication est presque exclusivement parisienne, pour la France, du moins. La composition des pâtes destinées à ces articles est à peu près la même que pour les creusets, et consiste en terre plastique et réfractaire, additionnée d'une dose de ciment. (On entend par ciment des terres cuites ou des débris de pièces réduits à l'état de poudre.) Parfois aussi, on introduit dans ces pâtes du sable ou du quartz pilé, ou du coke en poudre, en remplacement d'une certaine quantité de ciment.

A l'Exposition, nous avons vu des produits de cette espèce très-soignés, envoyés par MM. Couenne-Hatier (Paris). Binet fils (Paris), et Dernette (fourneaux à coupelle).

2. *Grès-cérames.* — On donne le nom de grès aux poteries qui ont reçu un feu assez fort pour éprouver un commencement de fusion, ou plutôt un ramollissement. Dans cet état, la poterie ayant subi une contraction moléculaire qui lui donne quelques-unes des propriétés du verre est devenue tout à fait imperméable, et résiste très-bien à tous les agents destructeurs. On en fait des bombonnes pour contenir les acides, et d'innombrables articles usuels. C'est sans contredit la poterie la plus utile et la plus durable, celle qui rend le plus de services dans les ménages, pour l'usage commun et quotidien, en raison surtout de la modicité de son prix. Les grès vernissés au sel marin, notamment, répondent d'une façon éminente à presque tout ce qu'il est permis d'exiger d'une poterie commune usuelle. Nous reviendrons sur ces grès vernissés dans la partie suivante, en traitant des poteries de la troisième classe.

Mais s'il y a des grès communs, appliqués aux usages les plus vulgaires, il y en a aussi qui doivent être classés au plus haut rang des produits céramiques.

Qui n'aurait pas été frappé, dans la section anglaise, de la beauté pure et de la perfection sans égale de ces grès fins sortis de la manufacture de l'illustre J. Wedgwood? Qui n'a pas admiré ces grès blancs, dont les fonds bleus, de nuances magnifiques, sont ornés de reliefs blancs, d'une pureté et d'une délicatesse si exquise, d'un fini si achevé?

C'est cette branche distinguée de la céramique que son fondateur J. Wedgwood cultivait avec le plus d'amour. Il avait donné à ces grès le nom assez impropre de jaspe, sous lequel on les désigne encore dans le pays de leur origine.

La prédilection du célèbre potier pour les formes de l'art antique le portait irrésistiblement vers un genre de poterie analogue à celui que produisait l'antiquité.

Nous offrons page suivante (fig. 2) un dessin extrait de l'*Almanach des progrès de l'industrie*, et représentant un de ces vases de grès ou jaspe, à fond bleu et à reliefs blancs, sorti de la manufacture de MM. Wedgwood, mais de fabrication plus récente.

Josiah Wedgwood excellait dans la fabrication des grès noirs à reliefs rouges, et rouges à reliefs noirs, nuances des poteries antiques auxquelles il donnait des ormes grecques et étrusques choisies judicieusement. Il avait obtenu dans ce

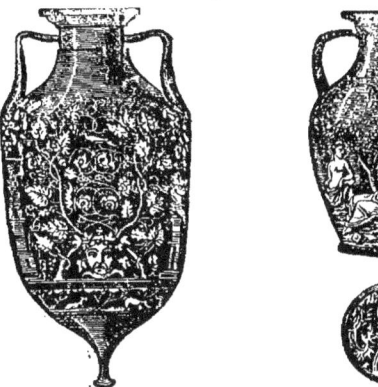

Fig. 1.

genre une réussite parfaite, et reproduit avec succès le fameux vase de Portland dont nous donnons un petit dessin (fig. 1), ainsi qu'un autre spécimen du même genre.

Comme innovation, MM. Wedgwood fils avaient encore exposé une cheminée garnie de panneaux en grès-cérame à reliefs ; cette tentative ne nous a pas paru d'un effet heureux.

Les grès-cérames figuraient dans les exhibitions de la plupart des fabricants potiers anglais ; nous noterons surtout les grès de MM. John Adams et Compagnie, à Hanley, comme imitation réussie des grès Wedgwood.

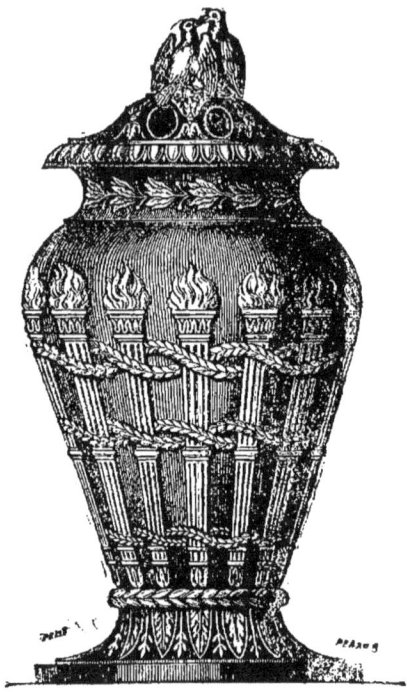

Fig. 2.

Les grès communs, quand ils reçoivent un feu intense avec le contact de la flamme, apparaissent fréquemment lustrés, ce qui est dû à une vitrification de leur surface ; mais en général, pour obtenir plus sûrement cette espèce de glaçure sur les grès usuels, on projette du sel marin dans le four pendant la cuisson des pièces.

La pâte ordinaire de porcelaine dure, lorsqu'elle subit le grand feu sans avoir reçu sa couverte, donne aussi une sorte de grès blanc ou biscuit, qui, quoique translucide, ne montre encore aucune trace de glaçure à sa surface. Il n'en est pas de même pour un autre genre de biscuit translucide gratifié en Angleterre du nom de *parian*, parce qu'il a la prétention de rappeler le marbre de Paros. Celui-ci contient une plus forte dose de feldspath que la pâte ordinaire de porcelaine, et exige beaucoup moins de feu pour acquérir cet enduit vitreux superficiel, dont l'avantage est de préserver les pièces des taches et autres souillures, et de permettre d'en essuyer la poussière sans l'y faire adhérer. C'est, du reste, la seule différence à signaler entre nos biscuits de Limoges et le biscuit parian, lequel n'est pas, comme l'ont indiqué quelques écrivains, une pâte phosphatique semblable à celle de la porcelaine anglaise.

On s'est servi de cette pâte en Angleterre et dans quelques manufactures du continent pour mouler des statuettes, des coffrets et d'autres objets d'étagère et de fantaisie qui ont eu leur moment de vogue, et l'exposition de M. Minton en offrait des types très-beaux, irréprochables même. C'est celui des fabricants anglais qui a porté ce genre de figurines à un degré de perfection qu'on ne peut guère espérer surpasser.

La maison Villeroy et Boch (Mettlach, Prusse rhénane), dont les chefs sont, en Allemagne, les producteurs les plus considérables et les plus renommés dans toutes les branches de l'industrie céramique, avait exposé un grand choix de grès fins, diversement colorés, et de biscuits parians aux formes les plus variées, quelques-uns rehaussés de décors chromo-lithographiques. Si nous ajoutons qu'au point de vue du style artistique la plupart de ces productions avaient le cachet bien empreint du pays de leur origine, ce n'est pas que nous prétendions les critiquer sous ce rapport. Chaque nation poursuit, en matière d'art, ses tendances particulières, qui sont légitimes et respectables lorsqu'elles se proposent de faire valoir l'originalité propre du pays.

Ce qui méritait surtout de fixer l'attention des juges compétents sur les produits de cette catégorie exposés par MM. Villeroy et Boch, c'étaient les statues de grande dimension modelées par M. Kieffer, et obtenues à l'aide d'une pâte blanche nouvelle et fortement cuite. Ces produits se recommandaient non-seulement par leur bonne mine, mais aussi par leur nouveauté et leur bon marché relatif.

L'exposition de Sarreguemines (Moselle) présentait aussi de jolies pièces en parian, et un assortiment varié de grès bruns, jaunes et gris, dont nous relèverons surtout le mérite de l'ornementation. Un grand vase en grès gris, exposé par cette maison, et décoré d'une ronde d'enfants en haut-relief de grès blanc, a dû présenter d'assez grandes difficultés d'exécution.

L'examen des grès de luxe nous suggère des réflexions que nous croyons devoir soumettre à nos lecteurs. Si nous considérons les différentes productions que cette branche particulière de la poterie a fait éclore, et que l'Exposition universelle a étalées devant nos yeux, nous demeurons persuadés qu'avec les pâtes diverses dont disposent les grandes manufactures céramiques, elles pourraient, si elles le voulaient, produire dans ce genre, avec le concours d'artistes distingués, des œuvres de grande valeur et d'une imposante beauté. Mais il est en même temps certain qu'en s'engageant dans cette voie elles perdraient de l'argent. Ce serait le fait des manufactures subventionnées de fournir à l'industrie des modèles et des types empruntés à toutes les variétés de produits céramiques. Loin donc de se borner à la seule culture de la porcelaine, qui est d'une manipulation si revêche et d'une exigence si tyrannique à l'égard des caprices de l'art, les manufactures subventionnées devraient s'appliquer à saisir et à porter à leur plus haut point de perfection les manifestations éminentes les plus diverses de l'art céramique. Ce serait pour ces institutions une magnifique mission, capable de susciter un développement brillant de cet art si complexe, délicat et grandiose tour à tour, et susceptible encore des progrès les plus étonnants.

Les grès-cérames, par exemple, offriraient des ressources inépuisables pour créer des œuvres d'art qui ne pâliraient certes pas à côté des produits les plus vantés de la fabrication de Sèvres.

Avant de quitter les grès et les biscuits, mentionnons encore une cheminée en biscuit de porcelaine dure peint, que nous avons remarquée dans la section française, 3e galerie, et dont nous avons omis, par mégarde, de noter l'exposant.

Cette cheminée était d'un effet charmant; seulement, nous avons peine à croire qu'une telle application du biscuit puisse se recommander, parce qu'il nous semble qu'il doit être beaucoup trop salissant pour cet usage.

3. *Carreaux-dalles. Carreaux-mosaïques.* — Ce genre de fabrication a atteint aujourd'hui un degré de perfection qui ne laisse plus grand'chose à désirer. Du moins, peut-on affirmer que les fabricants anglais, et sur le continent, les maisons Villeroy et Boch, et Boch frères à Mettlach et Maubeuge, ont donné à leurs produits, au point de vue de la qualité aussi bien que de la beauté, à peu près tout ce qu'il est permis d'en exiger.

Encore peu répandu en France, ce mode de dallage ne tardera pas, croyons-nous, à s'y introduire largement, car il réunit, sur tous les autres procédés usités jusqu'à ce jour, la double supériorité de la beauté et de la durée.

Ces carreaux peuvent être simplement unis et de teintes différentes, ou présenter les plus riches dessins, imitant en couleurs variées l'agréable aspect de la mosaïque. Pour cet effet, des pâtes colorées diversement sont incrustées dans la surface des carreaux de manière à ce que ceux-ci composent, par leur juxtaposition, des dessins variés, parfois superbes.

Ces carreaux sont cuits à une température élevée, et y acquièrent une dureté telle, qu'ils font feu au briquet. Aussi ne se dégradent-ils pas par l'usage, et leur durée est-elle presque illimitée, en même temps que leur imperméabilité les préserve des taches, et les rend d'un nettoyage toujours facile.

On voyait à l'Exposition de nombreux spécimens de ce carrelage dans la salle d'architecture, dans le bâtiment des essais, dans la chapelle, etc.

Nous sommes d'avis que c'est à MM. Minton, Hollins et Compagnie (Angleterre), qu'appartient le premier rang dans cette industrie, qu'ils ont portée à une haute perfection dans toutes ses parties, tout en pensant que les produits de MM. Villeroy et Boch ne le cèdent en rien à ceux de M. Minton sous le rapport de la composition et de l'effet des dessins et des couleurs, si même ils ne les surpassent pas par certains côtés.

Nous citerons ensuite MM. Maw et Compagnie (Angleterre), et MM. Nolla et Sagrera, de Valencia (Espagne). La beauté des produits de MM. Nolla est d'autant plus digne d'éloges et de remarque, que le développement industriel de l'Espagne est plus arriéré.

Les procédés de fabrication des carreaux-mosaïques ne sont pas les mêmes en Angleterre et chez MM. Villeroy et Boch. Les Anglais façonnent leurs carreaux avec des terres en pâte, et les compriment fortement sous des presses à balancier. Des saillies disposées dans les moules produisent des dessins en creux sur les carreaux, creux qu'on remplit ensuite de pâtes à l'état liquide. Il ne reste plus qu'à essuyer et à racler le carreau pour le finir.

Les procédés brevetés de MM. Villeroy et Boch, au contraire, consistent à se servir des matières plastiques à l'état de poudre sèche, tant pour le corps de la dalle que pour les incrustations, et de les comprimer au moyen de presses hydrauliques.

On a aussi employé, pour l'ornementation en couleurs des carreaux, un procédé connu dans la lithochromie sous le nom de *cache* (patron découpé); mais ce procédé est sans valeur appliqué à des carreaux non vernissés, parce que la couche de matière colorée formant les dessins est trop mince pour résister au rude usage qu'un dallage doit supporter.

En résumé, le dallage céramique employé dans les corridors et les vestibules, sur les perrons et les terrasses est d'une grande propreté, d'un aspect agréable et d'une durée éprouvée. Appliqué aux édifices publics et religieux, il est susceptible de se marier à tous les styles, et de contribuer pour une bonne part à l'aspect imposant ou riant d'un musée, d'une nef gothique ou d'une villa champêtre.

Terra cotta. — Sous ce nom italien, on entend communément la poterie destinée aux ornements d'architecture. C'est encore une des industries céramiques qui a fait le plus de progrès depuis vingt ans, et qui a vu son usage s'étendre le plus considérablement.

Nous avons déjà parlé, dans la 1re classe, d'un genre de terres cuites qu'il ne faut pas confondre avec celle-ci, dont la pâte n'est pas composée uniquement d'argiles naturelles. L'addition d'un ciment ou d'un feldspath à la pâte en fait aussitôt un produit d'un genre plus relevé. On comprend que dans les pays dépourvus de pierres de taille ce doit être une grande ressource pour le décor architectural de trouver à sa disposition, à des prix modiques, des ornements moulés de grandes dimensions, et parfois très-compliqués.

En Allemagne, et en particulier à Berlin, on voit figurer beaucoup de décorations en poterie sur les façades des édifices privés et publics. Ces produits se trouvaient en grande quantité à l'Exposition universelle; mais il n'est pas possible, malheureusement, de se prononcer sur leurs qualités à vue d'œil. Ils doivent réunir les propriétés essentielles suivantes : inaltérabilité à toutes les intempéries; solidité, teinte convenable et adaptation aux règles de l'architecture et aux exigences du bon goût. Nous avons remarqué principalement, pour cette catégorie, les produits des maisons ci-après :

1. *Veuve Jean de Bay.* — A en juger d'après ses produits remarquables, cette maison a dû faire des efforts bien persévérants pour arriver à son bon état de fabrication actuel. Nous ne dirons rien des autres qualités de ces productions; beaucoup d'opinions divergentes ont été émises au point de vue du mérite artistique, et nous nous abstiendrons de prendre parti dans une question aussi épineuse.

2. *Henri Drasche*, à Vienne (Autriche). — Exposition considérable de statues, ornements d'architecture et autres articles de dimensions volumineuses; distinguée par le jury.

Nous ne tairons pas que des personnes très-compétentes dans la matière se sont prononcées, en notre présence, touchant les produits de cet exposant, dans un sens défavorable et opposé à l'opinion du jury. Une des questions les plus délicates d'appréciation pour ces sortes de produits sera toujours de distinguer et de faire la part du mérite artistique et de l'excellence de la fabrication.

Un produit parfait doit évidemment satisfaire à la fois au goût épuré et aux exigences pratiques. Tel vase de forme et de conception admirables pourra n'être qu'un produit très-imparfait, parce que l'entente du métier aura manqué à l'artiste; et réciproquement, des produits très-bien faits et d'excellente qualité pècheront au point de vue de l'art.

3. *MM. Emile Muller et Compagnie* (Paris) avaient exposé des pièces d'ornements d'architecture d'une exécution et d'un goût parfaits.

4. Les belles suspensions en terre cuite de M. Follet, si bien connues des amateurs d'horticulture, se recommandent tellement d'elles-mêmes et sous tous les rapports, que nous croyons inutile et même difficile pour nous d'ajouter quelques nouveaux titres à leur réputation justement acquise.

5. Certains produits de *MM. Doulton*, de Londres, appartiennent à la catégorie dont nous nous occupons. Les produits de cette maison sont de toute première qualité dans leur genre, et s'il existe quelques autres poteries dont les produits approchent de ceux de MM. Doulton, il n'y en a pas qui les surpassent.

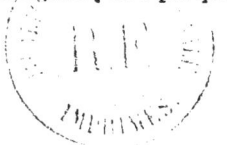

On voyait aussi dans le parc, à droite de la grande avenue et non loin de la grande entrée du palais, un hangar qui abritait des chaudières à vapeur, et dont la toiture était supportée par des colonnes torses de terre cuite d'environ 3^m,50 de hauteur. Une balustrade, également en terre cuite, entourait cette construction. Nous n'avons pu découvrir le nom du fabricant; mais, à moins de nous être trompés, en prenant pour de la terre cuite une sorte de pierre factice (la distinction n'est pas aisée à vue d'œil), nous tenons ces colonnes pour très-remarquables.

Enfin, nous signalerons, en dernier lieu, une porte en terre cuite de M. André Boni, de Milan. Comme œuvre d'art, ce travail nous a paru digne d'attention et d'éloge; en outre, la terre cuite de ce petit monument était d'un très-beau ton.

Nous en donnons le dessin p. 79.

Citons aussi les terres cuites de MM. March, à Charlottenburg, près Berlin, qui sont très-estimées dans leur pays.

En résumé, cette partie importante de la céramique prend de l'extension dans ses applications, et nous ne doutons pas que cette extension ne se continue et que les applications futures de ces terres cuites ne se multiplient encore davantage.

Mais les progrès seront nécessairement lents, par suite d'abord des difficultés qui abondent dans cette fabrication, puis, parce que, dans les pays où ces moyens de décor n'ont pas encore été expérimentés, les architectes n'étant pas familiarisés avec leur emploi, et ignorant quelle confiance on peut mettre dans leur durée, hésiteront naturellement à s'en servir. Enfin, parce que la qualité intrinsèque du produit ne peut se constater qu'avec le temps.

Il nous est impossible de citer un plus grand nombre de produits exposés de cette catégorie sans répéter d'une manière fatigante ce que nous avons déjà dit avec tant de détails, à propos des exemplaires les plus éminents et les plus intéressants de cette classe de la céramique.

L'ART CÉRAMIQUE

CHAPITRE III

Les produits appliqués aux usages domestiques.

Poteries obtenues par le façonnage d'une argile ou d'un mélange d'argiles additionnées tout au plus d'une faible dose de sable, et cuites le plus souvent en une seule fois, mais recouvertes, avant ou pendant la cuisson, d'un enduit vitrifiable. (Quelques bonnes poteries de cette classe reçoivent néanmoins la double cuisson.)

Cette classe comprend les poteries vernissées les plus communes, rouges, brunes, jaunâtres ou noirâtres, et les grès durs communs lustrés au sel.

La presque totalité de ces poteries est de mauvaise qualité. Imparfaitement cuites, revêtues d'une couche de vernis plombeux sans solidité, et toujours gercé, elles ne présentent que des formes ébauchées et grossières. Seuls, les grès durs, gris-bleuâtre ou rougeâtre, lustrés au sel, sont d'excellente qualité, et constituent une sous-classe à part dans la poterie commune.

L'examen de la poterie commune proprement dite nous met en présence des produits modestes mais intéressants servant à la préparation et à la cuisson de nos aliments, de la vaisselle de cuisine, pour l'appeler par son nom. Cette catégorie d'ustensiles, de piètre mine et de primitive apparence, semble n'avoir pas osé franchir le seuil du Palais de l'Industrie, car elle n'y était, pour ainsi dire, pas représentée. Et pourtant cette poterie a un emploi important à remplir et un problème difficile à résoudre, dont nous allons entretenir un moment nos lecteurs.

Il s'agit, pour la vaisselle de cuisine, d'obtenir un produit qui possède à un degré éminent deux propriétés essentielles.

La première est que ce produit ne se brise pas par de brusques changements
de température et une inégale répartition du calorique sur sa surface; la seconde,
qu'il soit revêtu d'un émail ou vernis exempt d'oxydes de plomb, ou en contenant le moins possible, et que ce vernis résiste à l'action des graisses bouillantes
sans se gercer ni s'écailler, afin que les liquides ne puissent, en s'introduisant
dans les interstices et en pénétrant dans les pores de la pièce, communiquer à
celle-ci une malpropreté repoussante et irrémédiable.

Malheureusement, ces deux conditions indispensables d'une bonne vaisselle de
cuisine se trouvent rarement réunies, et semblent même s'exclure l'une l'autre.
En effet, ce ne sont guère que les poteries très-faiblement cuites et dont les molécules n'ont qu'une faible agrégation, qui supportent impunément l'action
locale et changeante d'un foyer ou d'un fourneau de cuisine. Il en résulte que
le fabricant, par nécessité autant que par économie, ne donne à ses produits
qu'une faible cuisson, ce qui l'oblige à faire usage d'un vernis fusible à la plus
basse température, et d'abuser pour cet effet des oxydes de plomb, au point de
rendre sa vaisselle nuisible à la santé des consommateurs.

Les oxydes de plomb étant dans cette circonstance trop peu cuits ou trop abondants pour se silicatiser complétement restent attaquables par les acides, même
faibles, comme le vinaigre et les graisses liquides, et l'acide sulfurique produit
sur un tel vernis un dépôt blanc de sulfate de plomb.

Il n'est pas étonnant, dès lors, que sur presque tous ces ustensiles le vernis se
fendille dès sa sortie du four, et finisse bientôt par se détacher en écailles. Dans
un tel état, le vernis manque complétement à sa destination, qui est de préserver le corps de la pièce d'infiltrations en interceptant les liquides qu'elle
contient.

En un mot, le fabricant a renoncé dans ce cas à réaliser les deux conditions
exigibles d'une bonne poterie de cuisine, et n'en poursuit plus qu'une. Pourvu
que ses pots et casseroles ne se fêlent pas trop vite, et résistent à l'usage un certain laps de temps, le fabricant sera tranquille, sinon satisfait. Quant au vernis,
il en sera ce qu'il pourra.

Quelques fabricants plus consciencieux ayant essayé de donner plus de feu et
un vernis meilleur à leurs produits ont atteint ce but en manquant l'autre.
Ils ont produit une vaisselle solidement vernissée, mais qui éclate sur le feu. Au
reste, le côté défectueux de toute cette fabrication n'a pas lieu de nous surprendre, puisqu'elle se trouve presque entièrement dans les mains de petits
potiers campagnards auxquels manquent les fonds, l'outillage et le savoir, tout
le capital industriel.

Cette poterie ordinaire, qui se cuit encore presque exclusivement au bois, se
fabrique avec les argiles les plus communes et les plus répandues dans tous les
terrains. Ces argiles se cuisent presque toujours rouges ou jaunes, ou dans les
nuances intermédiaires.

Les argiles plastiques pures qui restent blanches après leur calcination sont
extrêmement rares dans la nature, et exigent en outre une température élevée
pour acquérir la dureté et la solidité requises; — tandis que les argiles qui deviennent rouges par la cuisson, surtout celles qui sont marneuses, les glaises, acquièrent déjà cette consistance solide à une basse température. C'est ce qui explique que les anciennes poteries étaient presque toujours rouges.

Voici maintenant les opérations principales de cette fabrication:

Le potier ayant extrait son argile de quelque carrière voisine est souvent
obligé de l'éplucher, pour la nettoyer des pierres, des pyrites et des autres substances hétérogènes qu'elle renferme fréquemment. Ensuite, il lui faut quelque-

fois corriger le trop de plasticité ou de fusibilité de ι terre, en lui en addition-
nant d'autres plus maigres et plus réfractaires; après quoi il prépare sa pâte en
ramollissant son argile avec de l'eau, et en la piétinant pour la pétrir et la
rendre homogène. La pâte étant apprêtée au point convenable reçoit la forme
voulue sur le tour vertical, dit tour du potier. Ce façonnage, qui n'est qu'une
ébauche, suffit à la plupart des potiers, et la pièce, en quittant le tour, est con-
sidérée comme achevée. Elle est mise à sécher, et quand elle est sèche, elle reçoit sa couche de vernis qu'on verse dessus sous forme de bouillie claire, et qui est
composé le plus souvent de sulfure de plomb, et quelquefois de litharge étendue
d'une petite quantité d'argile, le tout broyé fin avec de l'eau. Les oxydes de
manganèse servent à colorer ces vernis en brun violacé, ceux de fer en jaune
foncé, et les deux oxydes employés ensemble procurent le noir.

Enfin, les pièces ainsi terminées sont portées au four, et cuites en échappade, à une température peu élevée, à peu près celle que les décorateurs parisiens donnent à leurs couleurs de moufle.

Le produit ainsi obtenu est des plus médiocres, comme nous l'avons expliqué
plus haut; néanmoins il est d'un usage universel dans les campagnes, surtout
comme pot à lait servant à obtenir la crème.

A l'Exposition, deux fabricants seulement de poterie commune ont attiré notre
attention.

Nous signalerons d'abord les produits de MM. Lepper et Küttner à Bunzlau
(Silésie prussienne) comme jouissant en Allemagne d'une renommée méritée et
déjà ancienne. Leur poterie de teinte jaunâtre, recouverte d'un vernis brun-
rouge, et quelquefois engobée en blanc intérieurement, est sans contredit la
première vaisselle de cuisine du monde. Le vernis, exempt de plomb et très-
dur, ne se gerce ni ne s'écaille, et les pièces elles-mêmes se prêtent à tous les
usages culinaires et supportent très-bien les changements brusques de température. Évidemment, nous sommes en présence d'un produit excellent, fabriqué
avec soin, et soumis probablement à une double cuisson. Sa dureté, sa résistance,
son bon marché et l'innocuité de son vernis, enfin toutes les bonnes qualités
réunies le recommandent aux besoins des consommateurs et à la bienveillance
des juges compétents ; aussi ne nous ferons nous pas faute d'insister sur l'utilité
et la valeur de cette excellente poterie, que nous avons appris à apprécier nous-
mêmes par l'expérience, et par les nombreuses mais vaines tentatives que nous
avons vu faire pour l'imiter et l'égaler.

Cette modeste et petite exhibition a sans doute été bien peu remarquée, et
nous ignorons si le jury lui a décerné la distinction qu'elle méritait en tout
point pour la bonne qualité sans rivale de ses articles.

L'autre exposition de bonne poterie que nous voulons encore citer, figurait
parmi les produits de la maison Villeroy et Boch.

Ici les différents articles étaient façonnés avec plus de soin et de goût, mais
nous ne saurions affirmer, faute de données, que leur valeur pratique égalât
celle des poteries de Bunzlau.

S'il en était ainsi, la poterie de MM. Villeroy et Boch serait encore supérieure
à la précédente.

Sans doute, il se fait aussi en Angleterre de bonnes poteries de ce genre,
mais l'excellence paraît très-difficile à atteindre dans cette fabrication, lorsqu'elle
n'est pas basée sur les gîtes d'argiles convenables.

Quelques potiers de Saxe et de Silésie nous paraissent seuls avoir atteint complétement le but jusqu'ici, et il est permis de croire que les terres dont ils se
servent possèdent pour cet objet des propriétés particulières et quasi mysté-
rieuses; car des milliers d'essais ont été faits, à notre connaissance, avec les

terres les plus diverses, mais sans succès définitif. La porcelaine de ménage d'Orchamps, par exemple, bien connue dans l'est de la France, et qui est chère, serait excellente, si elle n'avait pas l'inconvénient de se fendre sur le feu.

Il nous reste à revenir avec quelques détails sur les grès durs lustrés au sel marin. Ceux-ci sont presque tous de qualité excellente, en ce sens qu'ils sont inaltérables et ne se détériorent jamais. Seulement leur texture compacte et quasi vitreuse les rend impropres aux usages culinaires, car ils ne supporteraient pas l'action brusque des fourneaux de cuisine.

Ces grès se fabriquent en grande quantité sur les bords du Rhin, dans le pays de Nassau, où se trouve l'argile la plus appropriée à ces produits. Les principaux types de ces grès durs sont les cruchons à bière et à eau minérale, et les cruches à eau et pots à lait gris de perle, peints ou plutôt barbouillés d'un petit dessin en bleu de cobalt.

Les grès flamands et allemands, célèbres au dix-septième siècle et déjà connus au quinzième, sont les types les plus anciens de cette fabrication, et constituaient, à ce qu'il paraît, toute la partie essentielle et luxueuse de l'industrie céramique, vers la fin du moyen âge. Les collections et les musées en possèdent encore de nombreux exemplaires. Les grès de Beauvais et les grès de la fabrication de M. Ziegler, qui avaient acquis une certaine réputation, il y a plusieurs années, appartiennent aussi à cette catégorie. Les grès vernissés figuraient en assez grand nombre à l'Exposition; nous noterons parmi eux les ustensiles de ménage de M. Simon Peter (près Coblenz, Prusse rhénane) dont le pays compte beaucoup d'usines de ce genre, alimentées par les nombreux gîtes argileux du voisinage.

En Angleterre aussi il se fabrique une masse de ces grès durs, mais cuits à la houille, ce qui est un progrès.

Remarquons, en passant, que tous ces grès se cuisent en échappade, c'est-à-dire exposés au contact direct de la flamme, ce qui leur fait prendre souvent une apparence lustrée particulière, dont sont dépourvues les poteries fines qu'on est obligé de cuire dans des cassettes ou étuis. Cette circonstance contribue à renchérir considérablement celles-ci.

En fait de grès durs destinés aux usages industriels, rien n'égalait la remarquable exhibition de la maison Doulton et Cie (Londres), qui offrait un assortiment admirable des objets les plus divers. On y voyait des tuyaux droits et courbes; des tuyaux à virole tronquée ayant pour but de faciliter les recherches en cas d'avaries; des tuyaux à une ou deux tubulures; une grande variété de syphons; des bouches ou regards d'égout; des tuyaux d'égout segmentaires, de toutes dimensions; des serpentins, des vases à fermeture hermétique, des briques de grandes dimensions pour ventilation, des carreaux pour pavage, etc., etc., le tout en grès vernissé.

Il existe un dépôt à Paris.

Dans le même genre de fabrication nous citerons, entre autres, l'exposition de M. John Cliff (de Londres), où nous avons remarqué un tuyau de grès d'une seule pièce, ayant un mètre de diamètre; et l'exposition de MM. Gallichan et Cie à Leigh (Essex).

La section autrichienne contenait aussi certains produits de terre cuite, rentrant dans cette classe, et exposés par M. Antoine Richter (Bohême), produits qui nous ont paru très-beaux.

Parvenus au terme du travail concernant la classe 2, nous sommes saisis par la crainte d'avoir passé sous silence un certain nombre d'exposants méritants et de produits dignes de mention. Nous prions en conséquence ceux de messieurs les fabricants qui auraient échappé à notre examen, et qui se croiraient atteints d'une omission imméritée, de nous excuser, eu égard à la masse de notre besogne, au peu de temps qu'il nous a été donné d'y consacrer, et surtout au manque de renseignements et aux difficultés qui nous ont fait obstacle à chacune de nos visites à l'Exposition.

4e CLASSE. — Faïences.

Dans cette classe nous nous occuperons de la faïence proprement dite, telle qu'elle a été créée en Italie au quatorzième siècle et imitée dans d'autres pays, notamment en France, dans les manufactures de Nevers, Rouen, Moustier, Saint-Clément, etc.

La véritable faïence est une terre jaunâtre ou rougeâtre, soumise à la double cuisson, et recouverte d'un glaçure opaque généralement blanche, quelquefois colorée, à laquelle on a donné le nom d'*émail*. Cette dénomination d'*émail* est spécifique, et c'est à tort qu'on l'applique trop souvent à toutes sortes d'enduits vitreux. Par émail, il faut entendre une couche de verre opaque ayant le double but de lustrer et de masquer la terre ou toute autre surface sur laquelle elle est posée.

Nous avons parlé dans notre introduction de l'origine probable de la faïence, en la rapportant aux travaux des chimistes arabes des huitième, neuvième et dixième siècles, qui découvrirent et divulguèrent sans aucun doute les propriétés vitrifiables des alcalis et des oxydes de plomb, voire même celles du borax ainsi que le rôle spécial de l'oxyde d'étain. La domination musulmane introduisit en Espagne ces notions premières de l'art faïencier. Les Arabes eux-mêmes avaient été guidés probablement vers cet art par les produits analogues de l'Orient. Les antiques contrées d'Iran et de Babylone, nous dit-on, faisaient un grand usage de la brique et des terres cuites dans leurs constructions, à défaut de pierres de taille qui manquent dans ces régions; et, ce qui à lieu de nous surprendre beaucoup, on montre des briques vernissées, ramassées dans les ruines de Babylone et de Ninive, qui, si leur provenance est authentique, et si leur présence dans ces ruines n'est pas due à quelque cause accidentelle et postérieure, doivent être de l'antiquité la plus reculée et remonter au moins au règne de Nabuchodonosor, 600 avant Jésus-Christ.

La Chaldée, l'Égypte, la Phénicie, et en général les peuples sémites, paraissent avoir été dans l'antiquité les premiers adeptes des sciences naturelles et expérimentales, et plus avancés dans cette catégorie de connaissances que les Grecs et les Romains eux-mêmes, qui n'ont manifesté pour les investigations positives des lois physiques ni goûts ni dispositions marquées.

C'est ainsi qu'il faut passer par-dessus la civilisation gréco-romaine, et remonter au delà, pour trouver un produit en terre cuite vernissée. De même aussi, c'est aux Phéniciens qu'est attribuée la découverte du verre.

Ce sont là deux produits qui exigeaient de la part de leurs auteurs, pour être fabriqués régulièrement, une certaine somme de connaissances chimiques, fondées sur l'expérience. On a prétendu aussi que les Égyptiens avaient fabriqué une espèce de faïence à glaçure verte; mais c'est là une méprise. Cette prétendue faïence n'est que du sable fin comprimé, mêlé de sels, cuit probablement dans un moule de cuivre et aggluliné par la cuisson.

Revenons à la première apparition de la faïence en Europe.

Le contact avec les Orientaux et la vue de leurs faïences, et peut-être aussi l'arrivée en Europe des premières pièces de porcelaine chinoise, avaient dû nécessairement inspirer aux artisans européens le désir d'imiter et de reproduire ces poteries.

D'habiles artistes italiens réussirent les premiers dans ces recherches entreprises sous les auspices des petites cours de l'Italie centrale, et imprimèrent à leurs productions un cachet d'art et de goût qui les font encore rechercher aujourd'hui à bon droit, et indépendamment de leur intérêt historique et archéologique.

Le florentin Lucca della Robbia fut le plus fameux de ces artistes-potiers, qui excellèrent à modeler la faïence et à la peindre artistement à l'aide des trois ou quatre couleurs de leur palette monotone. Il est juste, toutefois, de vanter les splendides émaux de couleur qui prêtent un si admirable éclat aux peintures des faïences de Gubbio et de Pesaro, peintures attribuées à des disciples de Raphaël. La collection de M. de Rothschild avait fourni au musée rétrospectif de l'exposition des échantillons remarquables de cette précieuse faïence.

L'étymologie du mot *faïence* doit-il être cherché dans le nom d'une ville italienne, Faenza, un des berceaux de cette industrie, ou dans le nom d'une obscure bourgade de Provence qui revendique l'honneur d'en avoir fabriqué déjà vers le septième siècle ?

Le nom de *majolica*, donné par les Italiens à leurs premières faïences, est-il dérivé des carreaux émaillés arabes que les conquérants de *Majorque*, en 1115, rapportèrent dans leur butin, et qu'on montre encore encastrés dans les murs des cathédrales de l'Italie ?

Nous laisserons aux érudits le soin de répondre à ces questions.

Nous ajouterons seulement que l'art de la faïence, en se répandant, subit cette décadence inévitable qui accompagne la transition de l'art au métier. La fabrication se vulgarisa dans les deux acceptions qu'on peut donner à ce verbe.

Des manufactures nouvelles surgirent dans différents pays, et surtout en France. La première faïencerie française, celle de Nevers, fondée, dit-on, par des Italiens, florissait dès 1590. On connaît assez les produits de nos faïenceries du dix-septième et du dix-huitième siècle, pour lesquels il s'est déclaré chez nous, depuis quelques années, un engouement dont nous serions fort aises, et que nous saluerions avec joie, s'il n'excédait pas les bornes du bon sens, en s'émerveillant même des imperfections de ces poteries.

Tandis que la faïence italienne faisait ainsi son chemin, une autre tentative opiniâtre et personnelle avait lieu en France, au fond de la Saintonge, dans le but d'imiter les majoliques de l'Italie. L'illustre *ouvrier en terre et inventeur des rustiques figulines*, Bernard Palissy, ayant cherché, longtemps et sans succès définitif, l'émail blanc stannifère des Italiens, créa, à la suite de durs labeurs, un genre à part de faïences, à émaux colorés (vers 1550).

Les vases, plats, aiguières, bassins, flambeaux, statuettes de B. Palissy, sont artistement modelés et ornés le plus souvent de reliefs reproduisant au naturel des figures d'animaux, de poissons et de reptiles surtout, coloriées au moyen d'émaux jaunes, bruns, bleus, gris, verts.

Quand on relit dans les écrits de ce digne pionnier de l'art céramique et des sciences naturelles tous les déboires et toutes les misères qu'il eut à endurer en s'acheminant vers son but ; quand on tient compte des ténèbres qui couvraient encore les principes les plus élémentaires de la chimie et obscurcissaient les notions aujourd'hui les plus claires sur la composition et les propriétés des corps, on ne peut que louer et admirer les résultats obtenus par une initiative individuelle aussi persévérante et aussi courageuse. Mais que si, partant de cette estime que nous avons pour les œuvres de ce rare génie, et se fondant sur l'engouement excessif dont ses ouvrages et ceux de ses devanciers et successeurs sont présentement l'objet, nos céramistes contemporains s'appliquent, dans un âge où la science et l'expérience ont centuplé les ressources de la poterie, à imiter

et à copier servilement et sans progrès ces premières œuvres d'une technique
encore en enfance, nous ne pourrons concevoir qu'une compassion sincère pour
des efforts aussi puérils.

Les ouvrages céramiques ne sont pas des objets de pur apparat. Ils doivent
toujours pouvoir remplir un office utile, c'est là leur destination vraie et naturelle, qui n'exclut nullement les recherches du luxe et de l'art. Ce caractère
d'utilité inhérent aux œuvres céramiques est le trait de démarcation qui les
sépare des œuvres de l'art pur ; et c'est en vertu de ce principe, que nous rejet-
terions volontiers l'application de la céramique à la statuaire.

Ainsi, le but essentiel d'un plat, par exemple, quelque somptueux qu'il soit,
sera toujours de contenir un mets. Si donc vous enjolivez la surface de ce plat
de figures saillantes qui le rendent impropre à un tel usage, vous avez faussé la
destination de ce plat, en le réduisant au vain rôle d'une pièce de dressoir.

On ne peut empêcher, nous le savons, tout grand art d'avoir ses écarts fan-
tasques, parfois gracieux, et admissibles tant qu'ils n'aspirent pas à s'ériger en
principes et en règles. Il faut donc tolérer quelques écarts, mais ne pas permettre qu'en s'étendant outre mesure, ils arrivent à troubler, par d'extravagants
caprices, le but sérieux et réel de l'art du potier.

L'époque de l'apparition de la faïence fut une époque marquante dans le développement de la céramique. On le concevra sans peine, si l'on veut bien se
reporter à la fabrication de la poterie commune qui la précédait, poterie qui
était toujours d'un ton brun ou rougeâtre, et couverte d'un vernis grossier et
imparfait. Comme on n'en connaissait pas d'autre, elle était à peu près la seule
usitée, concurremment avec la vaisselle d'étain qui, comme on sait, était encore
très-répandue, il n'y a que cinquante ans à peine, surtout dans les pensions,
colléges, communautés, etc.

Une poterie nouvelle, signalée par sa blancheur, se produisant dans ces
circonstances, sur la fin du moyen âge, devait être une apparition d'autant plus
intéressante que la porcelaine chinoise était encore à peu près inconnue en
Europe.

Évidemment c'était un grand pas de fait que d'être arrivé à faire une poterie
blanche, de belle apparence et susceptible de se couvrir de peintures brillantes
en couleurs et en émaux. Une telle vaisselle était une chose inouïe dans ce temps-
là, et on s'explique aisément que des princes aient soutenu et encouragé une
industrie d'une nature si attrayante, et dont les œuvres devaient apporter un
contingent nouveau aux somptuosités de leurs palais et de leurs cours.

Exposons sommairement les procédés de fabrication de la faïence, qui sont
restés à peu près les mêmes jusqu'aujourd'hui, sauf les progrès dans l'outillage.

On façonne cette poterie avec une pâte d'argile très-souvent marneuse. Les
pièces, après leur dessiccation, subissent une première cuisson qui les transforme
en un biscuit tendre dont la couleur tire sur le jaune ou le rouge. Dans cet état,
on les émaille par immersion ou par arrosement, puis on les soumet à une
seconde cuisson qui, en fondant l'émail sur la pièce, donne à celle-ci sa blancheur et son lustre.

C'est dans la découverte et la préparation de l'émail blanc opaque que rési-
daient l'importance et la principale difficulté de la nouvelle fabrication. Il s'a-
gissait d'obtenir une poterie blanche, et comme on ne parvenait pas à donner
ou à conserver cette blancheur désirée aux pâtes cuites elles-mêmes, on chercha à l'obtenir au moyen de la glaçure.

Il est probable que cette invention, comme tant d'autres, fut due au hasard.
Nous nous permettrons, à ce sujet, de faire une hypothèse qui, croyons-nous, a
beaucoup de vraisemblance.

Les principaux ingrédients de l'émail blanc sont : le silex ou le sable, les oxydes de plomb, celui d'étain, et puis, mais en petite dose, les alcalis. La propriété qu'ont les oxydes de plomb de vernisser la poterie, a dû être connue avant l'émail, cela est évident ; car, avec les notions de ce temps-là, on n'aurait pu faire un émail stannifère sans y mettre du plomb. Il est donc probable qu'à l'époque de l'invention des émaux blancs, comme de nos jours encore, un certain nombre de potiers, y compris Bernard Palissy, achetaient comme vieux plomb les vieilles vaisselles d'étain, dont l'alliage contenait beaucoup de plomb, et obtenaient, en calcinant ce métal, le produit qu'on appelle encore aujourd'hui *calcine*, et qui est un mélange des deux oxydes de plomb et d'étain, et la base essentielle des émaux blancs. Si Bernard Palissy a eu tant de mal à s'y reconnaître, c'est qu'en s'y prenant de cette façon, on ne pouvait atteindre deux fois de suite aux mêmes résultats.

Que B. Palissy n'ait pas voulu livrer à la publicité, ni même à ses amis, les moyens qu'il employait pour fabriquer ses émaux, c'est ce qui s'explique par les peines infinies qu'il avait eues pour les découvrir. De son temps, on cachait de tels procédés, fruits de longs labeurs, avec un soin méfiant et craintif ; c'étaient, comme les arcanes des alchimistes, des secrets dont on ne se rendait maître que par le hasard de recherches empiriques et multipliées.

Aujourd'hui, l'art céramique ne gagnerait pas grand'chose à connaître ces moyens.

Disons ici, en passant, que les émaux employés sur les métaux, et appliqués à la bijouterie, qui avaient atteint une certaine perfection, déjà chez les anciens, et bien longtemps avant l'application des émaux blancs sur la poterie, diffèrent de ceux-ci, en ce que c'est ordinairement l'arsenic, et beaucoup moins l'étain qui produit leur opacité, — et en ce qu'ils étaient, et sont encore, plus fusibles que les émaux de poterie, qui pour être beaux, durs et bien blancs, exigent plus de feu.

Enfin, nous sommes certains, et nous pouvons en fournir la preuve, qu'il est possible de faire de beaux émaux blancs opaques sans le secours ni de l'oxyde d'étain, ni de l'arsenic, ni même du plomb. Mais ce serait une démonstration qui nous mènerait trop loin.

La peinture sur faïence blanche peut se faire sur l'émail cru, avant la seconde cuisson, et, dans ce cas, la touche manque toujours de netteté ; ou sur l'émail déjà fondu et vitrifié sur la pièce, c'est-à-dire par les procédés habituels du décor à la moufle.

Dans le premier cas, les couleurs doivent être plus résistantes ; car elles ont à supporter une température plus élevée avec le contact corrodant de l'émail en fusion. On ne parviendra pas, croyons-nous, à composer une palette de couleurs satisfaisante pour ce genre de peinture ; car, outre les deux difficultés déjà signalées, il y en a une troisième inhérente à l'oxyde d'étain qui a la propriété fâcheuse d'altérer par son contact les tons d'un grand nombre de couleurs, des verts et des bleus notamment.

Passant en revue les exposants de faïences, nous rencontrons d'abord MM. Pull et Barbizet qui imitent ou copient les *rustiques figulines* de Palissy, le premier strictement, le second un peu plus librement.

Nous avons dit franchement ce que nous pensions de cette catégorie de poteries imitatives, qui tendraient à faire rebrousser vers son berceau une industrie adulte, en l'enveloppant pour ainsi dire des langes de l'enfance. Si du moins ces bibelots, modelés avec soin du reste, étaient recouverts de bons émaux ; — mais pas du tout, ces émaux sont généralement gercés. Nous déclarons ici, une fois pour toutes, qu'à nos yeux un produit céramique quelconque dont la glaçure est gercée, est un produit défectueux au premier chef, quels que soient du reste le mérite du *modelé* et du dessin, et le lustre des couleurs. Deux objets en faïence, de grande dimension, une cheminée et une hure de sanglier repoussée rehaussaient l'exhibition de M. Pull.

Les produits que nous sommes en train d'examiner s'obtiennent par l'application au pinceau d'émaux colorés en brun, vert, gris, jaune, sur des terres cuites de nuance assez claire pour ne pas nuire aux tons des émaux ; car ces émaux ne sont pas opaques, mais simplement colorés par des oxydes métalliques. Nous n'avons guère remarqué chez ces deux exposants l'emploi de l'émail blanc. Nous aimons encore mieux dans ce genre l'exposition de M. Avisseau, de Tours, qui présentait un assortiment de faïences plus varié, et dont les émaux sont de bonne qualité et pas gercés. On y voyait, entre autres, un très-beau plat en terre émaillée.

Nous citerons encore parmi les faïences d'art :

1° Celles de M. Laurin, ornées de jolies peintures, notamment une paire de vases d'un beau décor, peints probablement sur émail cru, ce qui, au reste, n'ajouterait rien à leur valeur, s'ils n'étaient pas réellement beaux ; car c'est le résultat qu'il faut considérer avant tout. Ces deux vases étaient cotés à 1,800 fr.

Il y avait aussi deux guéridons d'une bonne exécution.

2° Les faïences de Longuet et Lavalle, et celles de Soupireau-Fournier. Ces dernières se distinguent par de beaux fonds d'un bleu riche : on y remarquait aussi ce joli émail bleu-turquoise qu'on ne trouve excellent que chez les Anglais.

3° M. Ulysse, de Blois, avait quelques belles pièces dans le vieux genre, et M. Signoret avait exposé des faïences nivernaises de belles dimensions, mais ses émaux sont, à notre avis, d'un glacé insuffisant.

MM. Pinard, Aubry, Genlis et Rudhart nous montraient également des faïences peintes avec goût, mais toujours avec ce parti pris fâcheux de reproduire ou d'imiter les poteries surannées des temps passés.

Ce que nous blâmons dans ces imitations ce n'est pas la recherche et la reproduction fréquente des anciens types de la Renaissance, et de nos faïenceries du dix-huitième siècle. Il est au contraire désirable que nos artistes-potiers aillent puiser à ces sources excellentes de l'art et de l'entente décorative. Ce que nous leur reprochons, c'est cette tendance obstinée à vouloir non-seulement reproduire les formes et les décors anciens qui ont du bon, comme nous le reconnaissons, mais encore donner à leurs produits cet air de vétusté et d'imperfection technique qui chez les anciens était involontaire, et découlait de l'insuffisance de leurs connaissances et de leurs ressources, mais qui chez les modernes devient un défaut calculé, un parti pris de méconnaître les ressources actuelles que tant de progrès réalisés depuis un siècle mettent à leur disposition.

Ainsi la médiocrité des couleurs et des émaux de nos faïences artistiques est choquante.

L'émail des faïences de M. Jean nous a paru d'un beau lustre, et supérieur aux émaux de la plupart de ses émules.

Approchons-nous enfin des rayons de M. Deck dont l'exhibition était la plus voyante par l'éclat resplendissant de ses bleus de cobalt et de cuivre qui exerçaient sur les regards des passants une attraction pour ainsi dire coërcitive. (Les *Études* ont publié une planche [Pl. VIII] reproduisant un spécimen des émaux de M. Deck.)

Nous ne disconviendrons pas du mérite d'un certain nombre des émaux de ce fabricant, et du cachet qui distingue la décoration de ses poteries. Ses peintures gracieuses ont du style, et leur disposition sur les pièces est bien entendue.

Son émail bleu d'azur à base de cuivre est très-beau, mais trop fusible selon nous; aussi avons-nous admiré comme des phénomènes les deux ou trois exemplaires de cet émail qui se trouvaient exempts de gerçures. Nous faisons peu de cas du craquelé; il suffit pour cela qu'une glaçure soit très-fusible et de très-mauvaise qualité. Les amateurs du craquelé s'imaginent sans doute qu'il faut un tour de force pour l'obtenir. Or, pour les émaux colorés par l'oxyde de cuivre, les bleus surtout, c'est tout l'opposé; il est au contraire très-difficile, en raison de la forte dose d'alcalis qu'ils contiennent, d'en obtenir qui ne soient pas fendillés. Le craquelé est un fendillage intense, un défaut systématisé. Nous louerons aussi la poterie dans le goût persan de M. Deck. C'est une pâte jaunâtre recouverte d'une glaçure transparente, et orné d'arabesques en relief dont les fonds sont peints de bleu-turquoise et de rouge-corail.

Les panneaux de faïence de cet exposant sont également gercés. A notre avis, il fait usage d'émaux trop fusibles, et d'une température de cuisson trop basse.

M. Deck mérite des éloges pour n'avoir suivi que l'inspiration de son goût d'artiste dans la confection de ses faïences, et pour n'avoir pas exercé son talent dans l'ornière battue par tant d'autres, en s'appliquant à copier ces sempiternelles vieilleries des temps passés.

Nous nous sommes arrêtés avec intérêt à considérer la très-remarquable exposition de céramique persane de M. Collinot à Boulogne-sur-Seine. Une collection de vases magnifiques, de jattes au galbe oriental, et jusqu'à des colonnes torses en terre cuite émaillée, de cette nuance glauque si douce et si riche à la fois que seul l'oxyde de cuivre communique aux émaux, donnent à cette exhibition un aspect des plus imposants, et bien fait pour présenter au spectateur une image complète de l'art persan.

Si du coup d'œil d'ensemble nous passons à l'examen de détail, nous apercevons une pâte cuite de teinte rosâtre très-délicate, revêtue d'émaux bleus, vert-turquoise et jaunes, de nuances tendres et charmantes, mais que nous regrettons de n'avoir pas trouvés exempts de gerçures, cette plaie de tous nos faïenciers. On sait que le mérite de cet ensemble de produits si distingués revient en grande partie à M. Adalbert de Beaumont, à ses études, à ses voyages et à son goût si élevé dans cette matière.

Jusqu'ici nous n'avons parlé que des faïenciers-artistes; il est juste que nous nous occupions un peu de l'industrie de la faïence, représentée très-honorablement à l'Exposition par la manufacture de Saint-Clément, près Lunéville, (Meurthe).

Cette faïencerie, fondée au milieu du siècle dernier par un architecte du roi Stanislas, a joui dans le passé d'une grande renommée, acquise à bon droit par ses services de faïence de Lorraine, dont les anciennes pièces, d'un très-bon style pour l'époque, furent décorées par de véritables artistes. Ces pièces sont encore, pour ce motif, très-recherchées aujourd'hui par les connaisseurs. Leur décoration d'autrefois consistait presque toujours en peintures légères et gracieuses, exécutées en pourpre de Cassius.

Saint-Clément avait exposé des pâtes jaunes et rouges, et des faïences blanches à décors bleus, dont l'émail nous a paru excellent. Il est d'une blancheur et d'un glacé irréprochables, qualités que nous nous permettons de recommander à l'attention de messieurs les potiers artistes qui semblent faire fi avec trop de dédain de ce qui, au fond, contribue dans une si large mesure à la beauté d'un produit céramique : émail dur, sans tressaillures, d'un glacé brillant, et d'une blancheur sans tache. Une fois cette première condition essentielle réalisée, libre à eux de couvrir leurs pièces des peintures les plus délicieuses, lesquelles ne perdront certes rien à se trouver posées sur une surface propre et nette.

Nous citerons encore, sans que le nom de l'exposant nous revienne, de grandes plaques ou panneaux de faïence, pièces très-difficiles à réussir, et quelques tuiles émaillées de différentes couleurs, dont nous espérons voir se propager l'usage. Ce genre de produits s'améliorera certainement dès qu'il sera demandé en plus grande quantité.

Une branche spéciale très-importante de la faïencerie est celle qui a pour objet la fabrication des poêles et fourneaux en terre cuite vernissée ou émaillée, dont on fait un usage si considérable en Allemagne. Nous citerons, pour cette spécialité, les beaux fourneaux en faïence accouplés à des cheminées en fonte, exposés par M. Vidal, du Holstein, et les poêles de la maison Feilner et Cie, à Berlin, qui jouit dans son pays d'une grande réputation que nous croyons bien méritée, tout en faisant nos réserves touchant la lourdeur prétentieuse de ses formes.

Passons maintenant aux exposants anglais.

Les faïences, ou, comme les appelle le Catalogue, les majoliques anglaises, peuvent être assimilées, quant au genre, à celles de Bernard Palissy, et en les comparant avec les produits de MM. Pull et Barbizet, on peut se rendre compte du chemin parcouru et du progrès réalisé depuis l'apparition des *rustiques figulines*. Comme Palissy, les Anglais ne font pas de faïence proprement dite; ils ne font qu'un usage partiel de l'émail blanc, qu'ils emploient seulement quand l'effet décoratif le réclame. La plupart de nos amateurs français n'accordent à ces produits anglais qu'un succès d'estime, et s'en détournent même avec un dédain mal déguisé, n'y retrouvant pas ces gracieuses peintures dont nos artistes potiers savent décorer leurs poteries archaïques. Mais, en vérité, c'est faire trop bon marché des progrès et des ressources techniques que les Anglais étalent sous leurs regards. Et tous ces émaux diaprés, miroitant dans toutes les nuances, depuis le blanc jusqu'au noir, ces bleu turquoise mat, ces rose-tendre, ces vert-émeraude et ces vert-jaune à base de chrôme, cette gamme complète de tons, n'est-ce donc rien? Analysez toutes ces ressources de coloris, et comparez-les aux trois ou quatre pauvres couleurs de nos disciples de Palissy; et notez que ces émaux sont de qualité excellente pour la plupart, et que le fendillage y est une exception rare; nous ne l'avons observé que sur les vert-émeraude.

Nous ne l'ignorons pas, les majoliques anglaises ne sont pas des ouvrages qui se prêtent à la peinture : ce ne sont que des reliefs et des moulages coloriés; mais elles constituent, telles qu'elles sont, une catégorie de produits bien définie, qui n'emprunte rien aux autres genres, qui se suffit à elle-même, et qui n'a pas besoin, lorsqu'il faut rehausser quelques places par des effets de couleur que les émaux ne peuvent pas donner, de se servir, comme font les Français, du décor à la moufle, qui est un auxiliaire hétérogène et absolument incompatible avec le genre majolique. Dans ce cas, les Anglais recourent à la peinture sur biscuit. Les fruits rouges, par exemple, sont ainsi peints, de sorte que l'émail recouvre le tout, et qu'on n'a que des surfaces uniformément glacées qui ne sont pas interrompues par le terne placage des peintures de moufle.

Le coryphée de ce genre de faïence anglaise est sans contredit M. Minton, dont l'exhibition présentait aux regards éblouis des spectateurs une foule bariolée de meubles, d'ustensiles, de figurines, de statues, de sièges, de vasques et d'objets les plus divers exécutés en terre cuite et recouverts, et, pour ainsi dire, habillés d'émaux de couleur.

Si l'exposition de MM. Wedgwood était moins riche et moins abondante que celle de M. Minton, elle était pourtant excellente; les majoliques de MM. Wedgwood sont même supérieures, à notre avis, comme qualité, à celles de M. Minton, ce qui tient peut-être à une meilleure pâte. MM. Wedgwood emploient une pâte blanche très-dure, tandis que celle de M. Minton est jaune-chamois, et produit, sous l'émail transparent, des carnations trop bistrées pour les statues.

Nous signalerons dans l'exhibition de MM. Wedgwood une paire de vases unis, revêtus d'émaux jaspés bleus, jaunes et bruns. Ces deux vases, parfaitement réussis, sont un chef-d'œuvre d'habileté technique.

Dans l'exposition de M. Minton, nous citerons particulièrement deux beaux grands vases unis, d'un galbe parfait, et recouverts de l'émail bleu-turquoise.

Quelques autres potiers anglais avaient également exposé de ces majoliques, qui ne se distinguaient guère des précédentes, si ce n'est par quelque infériorité.

Nous voudrions ajouter ici quelques lignes sur les faïences italiennes et espagnoles, mais nous sommes forcés de nous excuser. Le temps nous a manqué pour en faire un examen consciencieux.

Nous terminons ici notre revue des faïences *émaillées* pour passer aux faïences fines modernes.

5e CLASSE. — Faïence fine moderne.
Terre de pipe, cailloutage, porcelaine opaque.

La faïence fine ou poterie blanche non translucide, à glaçure transparente, est de date récente. Son apparition marque l'ère d'un progrès très-important dans l'industrie céramique. Elle a pris naissance en Angleterre, au commencement du dix-huitième siècle, à la suite des travaux et des recherches des potiers anglais prédécesseurs de Wedgwood. Wedgwood lui-même ne s'adonna que peu à la fabrication de cette nouvelle poterie.

La faïence fine n'a pas, comme la faïence italienne, une origine brillante patronée par des artistes éminents de la Renaissance, et si elle ne se recommande pas, comme sa sœur aînée, par son passé artistique à l'attention des amateurs et des collectionneurs, l'histoire de son élaboration n'en est pas moins digne d'intérêt pour les personnes qui s'occupent de céramique. En effet, elle a absorbé un siècle entier d'études et de travaux de la part d'une légion de potiers avant de sortir de leurs mains dans cet état d'achèvement où nous la voyons aujourd'hui.

Pour se rendre compte de toutes les phases de cette fabrication, il faut savoir qu'elle exige pour sa pâte : premièrement, des argiles plastiques se cuisant blanches, produits naturels dont la croûte terrestre a été bien parcimonieusement dotée; secondement, du feldspath ou des roches feldspathiques, autres minéraux rares, ne se rencontrant que sur bien peu de points dans l'état de pureté requise; enfin, du quartz ou du silex pur, qui existe un peu plus abondamment.

Pour la couverte de cette poterie il fallait du borax, du quartz blanc, du kaolin, du feldspath et du carbonate de chaux. Il n'est besoin que de se reporter au commencement de ce siècle, et de se rappeler les difficultés de communication qui existaient encore à cette époque entre les localités d'un même pays et plus encore d'un pays à un autre, les connaissances si peu répandues du gisement des minéraux nécessaires et le peu de développement des industries chimiques, enfin, la cherté des transports, jointe aux révolutions et aux guerres, pour s'expliquer facilement la lenteur des progrès de cette fabrication.

Bien des localités, en France, se trouvent éloignées de plus de trois cents kilomètres des dépôts d'argile convenable, et souvent encore bien plus distantes des autres minéraux indispensables à la fabrication de la faïence fine. La porcelaine commençait à se répandre, il est vrai, mais elle était un objet de luxe inabordable pour les classes moins aisées.

Comment donc le potier, qui n'avait à sa disposition qu'une terre jaunâtre ou rougeâtre après la cuisson, eût-il pu produire une poterie blanche sans le secours de l'émail blanc opaque?

Diverses substances minérales qu'on pouvait se procurer plus facilement, ayant la propriété de rester blanches après leur calcination, et de blanchir les argiles avec lesquelles on les mêlait, le gypse, les calcaires les plus purs, le silex calciné, les os brûlés, furent essayées et introduites à tour de rôle dans les pâtes, et ce sont des milliers de tentatives faites dans cet ordre d'idées qui ont conduit à l'invention de la faïence fine dont il est question ici, et des porcelaines tendres anglaise et française.

Astbury, potier anglais, est cité comme ayant le premier introduit le silex dans ses pâtes en 1720, et Thomas Benson, autre potier du même pays, comme ayant établi le premier moulin à cailloux.

Cette addition de matière siliceuse à la pâte rendait plus blanc le ton jaunâtre de la poterie en raison directe de la quantité ajoutée, et cette poterie, pourvue d'un enduit vitreux essentiellement plombifère, était un premier résultat qui laissait entrevoir la possibilité de progrès ultérieurs en stimulant les fabricants à chercher de nouveaux moyens de perfectionnement.

Mais la dose de silex que comportait la pâte était limitée par la nécessité de lui maintenir la plasticité requise pour le travail; de plus, le silex en excès empêchait la marchandise de prendre une consistance solide et une ténacité suffisante après la cuisson. Ce dernier défaut fut combattu et corrigé dans la suite par l'adjonction du feldspath.

En France et dans les contrées avoisinantes du Nord et de l'Est, on était parvenu vers le commencement de ce siècle, à obtenir, en ajoutant aux argiles jaunâtres après cuisson du silex et de la craie, une poterie passablement blanche, mais de qualité très-médiocre; car la craie, en abandonnant son acide carbonique pendant le feu, donnait un biscuit spongieux et sans dureté. Mais cette substance avait en même temps l'avantage d'abaisser le degré de cuisson qui ne pouvait dépasser une certaine température sans amener l'affaissement de cette poterie. L'avantage, s'il était réel, devenait dès lors un inconvénient sous d'autres rapports, en ne permettant pas de donner à la couverte un feu suffisant pour obtenir un bon produit.

Néanmoins, cette espèce de faïence calcarifère, connue longtemps sous le nom de cailloutage et de terre de pipe, a été fabriquée en France pendant une cinquantaine d'années, et n'a disparu complétement que depuis dix ans environ. pour faire place à une poterie blanche bien meilleure dont les propriétés tendent de plus en plus à se rapprocher de celles de la porcelaine dure. C'est encore l'Angleterre qui nous a précédés dans ce dernier et définitif perfectionnement de la pâte des faïences fines, lequel consistait essentiellement dans l'addition d'une dose de feldspath et dans l'élimination du carbonate de chaux. Déjà, vers 1720, les Anglais avaient commencé la fabrication de pâtes feldspathiques, sous le nom de stone-ware (grès), à laquelle ils avaient été conduits par la présence de roches granitiques délitées dans le voisinage de leurs usines. De cette façon on obtint enfin une poterie dont la composition de la pâte a une grande analogie avec celle de la porcelaine dure. Elle contient en effet du silex et des minéraux feldspathiques broyés, mêlés à différentes argiles.

Quant à la couverte vitreuse qui sert de glaçure à la faïence fine, elle n'a pas subi dans sa composition et sa préparation moins de vicissitudes que la pâte.

Consistant simplement en sel marin dans son origine, elle fut composée plus tard d'un mélange de silex et de minerais de plomb broyés qui avait le grand défaut de jaunir encore les argiles déjà trop colorées, et ne convenait ainsi qu'à ces premières faïences de nuance jaune-pâle qui dans le siècle dernier étaient très-connues en Angleterre sous le nom de *cream-colour*. C'est de cette faïence jaunâtre que J. Wedgwood composa pour la reine Charlotte, vers 1770, le service de table désigné sous le nom de poterie de la Reine (Queen's ware). L'emploi de l'acide borique et du borax comme fondants ne vint que plus tard dans notre siècle, et rendit nécessaire le frittage des couvertes, c'est-à-dire une fusion préalable d'une partie des matériaux composant la couverte, surtout de ceux solubles dans l'eau.

Bref, il a fallu des tâtonnements et des efforts sans nombre, des recherches et des essais infinis et entrepris simultanément par un grand nombre de potiers, avant d'arriver à produire et à verser en grandes masses dans la consommation cette vaisselle propre, blanche, dure, sonore et bien glacée, qui ne manque plus aujourd'hui dans aucun ménage, et qui, par son bon marché et ses usages domestiques si nombreux et si importants, est devenue un objet de production industrielle de premier ordre. Réussir d'une manière constante à donner à ce produit une blancheur toujours égale, une ténacité satisfaisante, une couverte brillante et dure, non sujette aux tressaillures, ce sont là des résultats soumis à des difficultés ardues et complexes, variant selon les temps et les lieux, mais qu'on est en général parvenu à surmonter heureusement de nos jours.

Les puissants et nombreux dépôts d'argiles, de kaolin, de roches feldspathiques que l'Angleterre possède, ont été la cause première de la supériorité que les potiers de ce pays ont conservée si longtemps sur ceux du continent, pour la beauté et la bonté de leurs produits céramiques. Mais le rang éminent qu'ils occupent encore dans cette industrie commence à leur être sérieusement disputé. De nos jours, c'est encore d'Angleterre que bon nombre de faïenceries du continent tirent la plupart de leurs matières premières telles que argiles, kaolin, feldspaths.

Il est vrai que le grand plateau central de la France contient en abondance tous les minéraux nécessaires à la fabrication de la faïence fine, y compris le combustible; mais ce pays n'a point de rivières navigables, peu de routes, il est éloigné de la mer, son sol est pauvre, et partant peu peuplé, toutes circonstances contraires à l'établissement et au développement de l'industrie faïencière.

Si la fabrication de la porcelaine en France s'est presque exclusivement fixée à Limoges, il faut en voir la raison dans la proximité des dépôts kaoliniques et granitiques, ainsi que dans les forêts et les cours d'eau de ce pays, qui ont fourni les matières premières, le combustible et la force motrice.

Les caractères et les qualités par lesquels se distingue la faïence moderne, quand elle est ce qu'elle doit être, sont:

1° Une blancheur égale à celle de la plus belle porcelaine française, ou la surpassant même;

2° Une couverte transparente très-dure, qui ne se gerce pas, et ne se laisse pas entamer par une forte pression exercée avec la pointe d'un bon couteau d'acier;

3° Les pièces peuvent être très-minces et légères, sans manquer de solidité, et quoique ébréchées, elles n'absorbent pas les corps gras.

Sans doute, toutes les faïences fines ne réunissent pas à un si haut degré les qualités sus-énoncées, mais il y en a qui sont dans ce cas; et dès lors on comprend pourquoi la faïence est capable encore de soutenir la concurrence de sa redoutable rivale, la porcelaine, surtout si l'on regarde au prix. Celui des as-

siettes de faïence, par exemple, n'est que moitié de celui des assiettes de porcelaine.

Enfin, la faïence fine offre aux artistes des ressources et des moyens de décors
considérables dont est privée la porcelaine, et même la faïence émaillée. Elle
admet par exemple la décoration sur biscuit, laquelle, pour le dire en passant,
est loin d'avoir dit son dernier mot. Ce genre de décor qui n'est possible que
moyennant une poterie à biscuit blanc et à couverte transparente, peut se prati-
quer par impression et par tous les genres de peintures et de dessins, même
par le pastel, à condition qu'on dispose des couleurs convenables et d'une couverte appropriée aux couleurs.

Un tel mode de décor nous paraît supérieur à celui qui s'exerce sur l'émail
ou la couverte ; car il est pour ainsi dire incorporé à la pièce, et la couverte en
s'appliquant par-dessus le préserve de tout frottement extérieur et de toute usure,
en lui donnant un lustre bien homogène.

En outre, il est possible, lorsqu'il ne s'agit que de pièces d'ornement, de revêtir la faïence fine de glaçures très-fusibles sur lesquelles les couleurs se développent presque comme sur l'ancienne porcelaine de Sèvres. Nous disons *presque*,
parce que, par sa nature particulière, la pâte du vieux Sèvres réagissait sur les
couleurs d'une manière qui lui était tout à fait propre.

A l'Exposition, ce n'étaient pas, parmi les faïences fines, les produits blancs
qui dominaient ; le fabricant appréhendant qu'une simple assiette blanche n'in-
téresse personne, préfère la présenter décorée, chargée de peintures et d'ornements. Cependant, c'est l'examen de l'assiette blanche qui peut le mieux ren-
seigner sur sa valeur intrinsèque. L'attention des experts doit tout d'abord avoir
pour objet de constater la ténacité des pièces, et la dureté de la couverte.

Deux grandes maisons, Sarreguemines et Creil-Montereau, qui occupent en
France le premier rang dans la fabrication de la faïence fine, représentaient
cette industrie dans la galerie des poteries de luxe.

Sarreguemines, déjà cité pour ses grès, avait exposé en premier lieu une
grande collection de vases et de cache-pots ornés de riches et délicates peintures dues à des artistes de talent, et exécutées sous la direction du dépôt que
cette maison entretient à Paris. Ces peintures sont peut-être ce qu'on a fait de
plus joli et de plus soigné en fait de décor de moufle sur faïence fine ; mais il
n'est pas possible néanmoins d'y discerner des intentions décoratives bien nettes,
ni la recherche d'un style approprié aux produits céramiques. Après cette catégorie d'articles, on remarquait quelques pièces peintes sur biscuit qui n'étaient
là que comme premiers spécimens d'un nouveau genre de décor en train de se
développer, mais sur la valeur duquel il ne serait pas prudent de se prononcer
d'après les exemplaires exposés. Quelques pièces très-bonnes et très-réussies
d'un décor sur biscuit plus ordinaire, se trouvaient reléguées dans la classe 91,
et ont échappé sans doute pour ce motif à l'attention des personnes compétentes.
Là se trouvait aussi la poterie plus usuelle de cette manufacture, ses faïences
blanche ordinaire, jaune, rouge et noire.

Ce que Sarreguemines présentait de plus remarquable était une vaisselle de
fabrication nouvelle, d'une blancheur et d'une dureté qui, croyons-nous, n'ont
pas encore été surpassées. Quelques services de table et de toilette étaient décorés de belles et bonnes impressions, en lilas, bleu mat, rose, vert, gris, etc.
Il faut relever avec éloge les efforts que cette maison a faits pour mettre ses produits, sous le rapport des formes et de la décoration, en harmonie avec les exigences de ce goût épuré que l'influence croissante de l'art propage chaque jour
davantage. Malheureusement, les exigences commerciales viennent trop souvent
croiser de si louables efforts ; et l'on ne peut pas équitablement demander à une

grande entreprise industrielle de contenter à la fois le grand public et les connaisseurs difficiles en matière de forme et de décoration. Les formes de Sarreguemines sont sobres, élégantes, sveltes, et pour cette raison exposées malheureusement à être souvent copiées d'une façon indue.

Cette manufacture fabrique deux sortes de faïence fine : une qualité supérieure plus blanche et plus dure, désignée sous le nom de *China*, et une bonne qualité ordinaire, appelée *opaque*. Elle fait encore des faïences rouges, jaunes, colorées par leurs pâtes, et vertes, noires, colorées par leurs émaux. La bonne qualité de ces produits est consacrée par une réputation bien connue et solidement assise.

Creil et Montereau, qui sont deux autres centres de production très-considérables pour la faïence fine, avaient une exposition moins brillante que Sarreguemines, mais justifiant néanmoins la renommée qu'a cette maison de produire une bonne marchandise courante.

Nous avons remarqué dans son exhibition d'assez beaux carreaux en faïence fine, décorés à la moufle; une cuvette de grande dimension (1 mètre de longueur), ornée de feuillages appliqués, le tout blanc (il nous a semblé que cette pièce eût gagné à être décorée en couleurs); et deux vases émaillés en bleu-turquoise, dont la valeur est bien réduite par le fendillage de l'émail.

Une annexe élevée dans le parc abritait les expositions de deux autres établissements importants du même genre, les faïenceries de Choisy-le-Roi et de Gien, qui nous ont paru avoir réalisé tous deux, surtout Choisy, de notables progrès. On y voyait une belle marchandise courante et quelques pièces remarquables.

Une faïencerie sise à Bordeaux, la plus importante du midi de la France, n'avait pas exposé. Nous n'en dirons donc rien de plus.

La lutte de la concurrence en France reste à peu près concentrée entre les cinq ou six établissements que nous venons de citer, et qui tous ont fait dans ces derniers temps des efforts soutenus et de grands progrès, surtout en vue de résister à l'invasion des produits anglais auxquels le traité de commerce ouvrait nos portes, et que, grâce à ces efforts et à ces progrès, on espère combattre avec des chances de succès. Aussi, est-ce plutôt la concurrence intérieure qui finira par devenir redoutable pour nos grands établissements.

L'Allemagne du Nord, la Hollande, la Belgique, possèdent aussi de vastes manufactures de faïence fine dont la fabrication a beaucoup de rapports et de ressemblance avec la nôtre.

Les principaux de ces fabricants sont : MM. Villeroy et Boch, à Mettlach (Prusse Rhénane) et à Dresde (Saxe); MM. Boch frères à Kéramis (Belgique), et MM. Régout à Maëstricht (Hollande). Les exhibitions de ces maisons ne présentaient rien de bien saillant sous le rapport des faïences.

Mettlach avait exposé de bons émaux de couleur, des échantillons de photographie appliquée à la faïence et des décors chromo-lithographiques imprimés sur couverte parfois très-jolis d'aspect.

La faïence fine se fabrique bien aussi en Suède, où il faut signaler avec éloge la faïencerie de Gustafsberg dirigée par un potier éminent, M. Gentèle.

Passant en Angleterre, nous y retrouvons à la tête de l'industrie faïencière, MM. Minton et Wedgwood auxquels vient se joindre pour la faïence *fine*, M. Copeland.

Le premier se distinguait encore à l'Exposition par l'excellence de sa fabrication courante, et par ses décors riches et variés à l'égard desquels il y a peu à critiquer, croyons-nous, surtout si l'on tient compte des goûts et des habitudes du pays.

On peut signaler encore ses carreaux en faïence fine, de toute beauté, décorés à la moufle, ses assiettes à décors noirs et gris, etc., etc.

Chez MM. Wedgwood nous avons remarqué cette faïence jaunâtre (queen's ware) dont nous avons déjà parlé, agréablement peinte sur couverte ; et de beaux produits courants.

Chez M. Copeland des décors de moufle très-brillants, appliqués sur services de table et de toilette, et des panneaux de revêtement en faïence fine également décorés avec luxe.

Après ces grands fabricants, nous avons encore remarqué les produits de M. Georges Jones, à Stoke-upon-Trent, faïences fines blanches et décorées ; les belles faïences de luxe de M. Brownfield ; les faïences blanches et noires de MM. Pinder-Bourne à Burslem.

Chez les Anglais, pas plus qu'en France, nous n'avons remarqué de grands progrès pour les impressions. Ce genre paraît même négligé par eux aujourd'hui et sacrifié au décor sur couverte.

En revanche nous avons observé chez les exposants anglais quelques nouveaux procédés de décoration qui n'ont pas encore été imités sur le continent. Toutefois, on peut en dire autant dans le sens inverse.

En définitive, la faïence fine est bien près d'avoir atteint son point de perfection. Il n'y aura bientôt plus à réaliser dans sa fabrication que des améliorations et des modifications économiques qui ont bien leur importance aussi. Déjà l'outillage et le façonnage ont subi des transformations considérables ; et un moulage plus mécanique a été substitué au travail plus manuel et plus cher d'autrefois. Pour les glaçures, l'emploi des matières les plus coûteuses, comme le borax, ou les plus insalubres, comme le blanc de plomb, est réduit à un minimum ; et l'on arrivera peut-être à pouvoir se passer entièrement de l'une ou de l'autre de ces substances, sinon de toutes les deux.

Au point de vue de l'art, il faudra attendre les progrès du goût public et du sentiment esthétique pour parvenir à réformer ce que beaucoup de nos décors ont encore de barbare et d'inepte.

En prenant conseil des anciens, des Chinois, des Persans et des maîtres de la Renaisssance, sans viser à les copier servilement, on arrivera à mieux adapter la décoration à la forme, et à ne pas écraser celle-ci sous des peintures déplacées et anticéramiques.

Envisagée comme art, la céramique est avant tout un art plastique où la forme doit régner et être respectée.

Ne la dénaturons pas par des peintures sans style et dépourvues de sentiment décoratif ; faute capitale et habituelle de nos jours, quoique rarement commise par nos devanciers de l'antiquité et de la Renaissance.

Que la décoration soit légère ; qu'elle s'harmonise avec les contours et le galbe ; et que nos peintres céramiques ne considèrent pas un vase ou une potiche à l'instar d'une toile à tableau, comme une surface uniquement destinée à se couvrir de couleurs et de bigarrures qui n'ont ni liens, ni rapport avec la forme qui les porte. De telles peintures peuvent être savamment conçues et très-artistement exécutées sans pour cela répondre le moins du monde au rôle qui leur était assigné.

A. et Léon JAUNEZ.

(La fin à un prochain fascicule.)

LES PRODUITS DES ARTS CÉRAMIQUES

CHAPITRE IV

Porcelaine tendre.

Les porcelaines tendres sont nées des tentatives nombreuses faites dans le but de fabriquer en Europe une poterie semblable à la porcelaine dure des Chinois, qui était la seule que l'on connût encore vers la fin du dix-septième siècle.

Les porcelaines tendres ont donc précédé en Europe la fabrication des porcelaines dures, pour lesquelles elles ont été ensuite délaissées dans la plupart des pays, hormis en Angleterre, où elles se sont perfectionnées et maintenues à l'exclusion de la porcelaine dure.

Nous avons dit que le caractère distinctif de la porcelaine est la translucidité : les matières kaoliniques, et en général les argiles blanches et les silex qui composent la pâte de la porcelaine étant du nombre des corps les plus réfractaires du règne minéral, on comprend les difficultés qu'il y avait à obtenir, avec une pâte ainsi faite, ce commencement de fusion et de vitrification sans lesquelles il n'y a pas de poterie translucide.

On s'ingénia d'abord à introduire dans les pâtes des fondants artificiels, tels que des silicates alcalins, de vrais verres, — et l'on obtint ainsi une sorte de produit hybride, participant à la fois de la nature du verre et de celle de la poterie, mais n'ayant pas la dureté extérieure de la véritable porcelaine, ni même le caractère nettement défini d'une poterie, puisque la pâte, au lieu d'être seulement composée d'argiles et de roches naturelles, contenait une forte proportion de verre ou de fondants artificiels.

Le verre laiteux et dévitrifié qu'on a appelé porcelaine de Réaumur, du nom de son inventeur, est, en quelque sorte, pour cette catégorie de porcelaines tendres, le chaînon extrême qui les relie au verre proprement dit.

Le vieux Sèvres qui ne se fait plus, et les porcelaines tendres qui se fabriquent encore à la manufacture impériale de Sèvres, à Tournay et à Saint-Amand-lès-Eaux, sont les seuls types que nous connaissions de la catégorie primitive des porcelaines tendres, plus spécialement désignées sous le nom de porcelaines frittées ou artificielles. L'importance commerciale de ce genre de poterie a donc à peu près cessé.

La fabrication de ces premières porcelaines tendres présente de grandes difficultés. La pâte est très-courte et ne permet pas de fabriquer couramment les grandes pièces de platerie; sa fusibilité la rend très-sujette à se déformer au feu, et il faut, pour obvier à cet inconvénient, que toutes les pièces soient cuites

sur des moules qui leur servent de supports. Cette porcelaine acquiert sa translucidité par le premier feu qu'elle subit, et qui est le plus fort ; après quoi on la
revêt d'une couverte de nature plombo-alcaline et très-fusible, et on la fait passer au second feu qui fond cette couverte sur la pièce.

C'est à la propriété si fusible et si tendre de sa couverte que cette porcelaine
est redevable de son nom, et de la réputation dont elle jouit auprès des amateurs et collectionneurs, en raison de l'éclat et du glacé extraordinaires que les
couleurs acquièrent ou peuvent acquérir sur une couverte de cette nature.

La pâte, qui est essentiellement composée de sable et d'alcalis frittés ensemble,
d'argile marneuse et de carbonate de chaux, réagit aussi favorablement sur les
couleurs dont on orne la couverte.

La manufacture impériale de Sèvres avait exposé quelques beaux spécimens
de porcelaine tendre, qui se révélaient à l'œil exercé des connaisseurs par le
brillant et l'éclat peu ordinaires de ses fonds de couleurs bleue et turquoise.
Nous regrettons de n'avoir pu faire un examen détaillé de ces belles pièces
pour en signaler tous les mérites particuliers.

La fabrique de Tournay, appartenant à MM. *Boch frères*, avait aussi envoyé de
ses porcelaines tendres à l'Exposition, mais sans décoration.

A côté de ce rameau français si délicat de la porcelaine tendre, presque effacé
aujourd'hui, il reste la branche anglaise qui a fleuri et qui s'est maintenue.

Dans l'origine, on avait suivi en Angleterre les mêmes pratiques, et introduit
des fondants artificiels dans la pâte.

Mais, dans la suite, l'invention de la porcelaine dure ayant révélé l'importance capitale du feldspath dans toutes les pâtes de porcelaine, les Anglais
surent corriger à temps la composition de leurs porcelaines tendres, en rejetant
avec raison l'emploi de matières artificielles dans la pâte, pour leur substituer
les roches feldspathiques qui abondent sur leur sol, et le phosphate de chaux
tiré des os.

Par cette réforme, ils parvinrent à produire une porcelaine viable et pouvant de se maintenir en face de la porcelaine dure qui règne d'une manière
presque absolue sur le continent.

N'était l'emploi des os, tirés du règne animal, il serait permis de dire de la
porcelaine anglaise ce qu'on dit avec plus de vérité de la porcelaine dure :
qu'elle est un produit naturel. Néanmoins on distingue encore la porcelaine anglaise d'avec les porcelaines tendres primitives plus artificielles, en lui donnant
le nom de *porcelaines tendres naturelles*.

Pour la porcelaine tendre anglaise, même marche de fabrication que pour la
faïence fine de première qualité. Le façonnage et l'encastage sont, il est vrai,
plus délicats, mais en somme, on se sert des mêmes procédés et de la même
cuisson. Il n'y a de différence que dans les soins plus minutieux qu'on est
obligé de prendre pour la porcelaine, à cause de la plasticité moindre de sa
pâte, du ramollissement qu'elle éprouve au premier feu, et qui nécessite
l'emploi de moules ou de supports destinés à empêcher la déformation des
pièces pendant la cuisson, enfin, à cause de la dureté et de la non-porosité
du biscuit, qui fait de la mise en émail une opération plus longue et plus difficile. Mais ce qui distingue avant tout la faïence fine de la porcelaine anglaise,
c'est la translucidité de celle-ci, due en partie à la présence du phosphate de
chaux dans la pâte, laquelle contient en outre du kaolin, du feldspath et un
peu de silex. Les procédés de décor ne diffèrent pas non plus de ceux usités sur
la faïence fine, sauf que le décor sur biscuit se réduit, pour la porcelaine, à
l'impression, la peinture étant à peu près impraticable sur un biscuit sans porosité. Les fonds bleu de roi, toutefois, sont presque toujours appliqués sur bis-

cuit. Le décor de moufle sur la porcelaine anglaise participe des mêmes qualités et des mêmes avantages dont jouit celui des faïences fines. Les couleurs s'y développent et y glacent mieux que sur la porcelaine dure.

On conçoit qu'une telle porcelaine se trouve dans beaucoup de cas favorisée des préférences du public, malgré son infériorité vis-à-vis de la porcelaine dure, sous le rapport de la solidité, de la dureté, du nombre et de la nature des usages auxquels elle est apte. Pour les services à thé et à café, par exemple, auxquels on ne demande pas une solidité extraordinaire, et où l'on prise surtout la légèreté des pièces, ainsi que la vivacité et l'agrément des peintures dont elles sont ornées, la porcelaine anglaise plaira et obtiendra souvent la préférence sur la porcelaine dure courante, qui ne se prête pas aussi bien aux mille fantaisies du goût, sans devenir aussitôt beaucoup plus chère.

Nous ne doutons pas que nos lecteurs, en visitant l'Exposition, ne se soient arrêtés avec plaisir devant les riches et élégantes porcelaines tendres de MM. *Copeland*, *Minton*, *Brownfield* et autres éminents manufacturiers de la Grande-Bretagne, dans les établissements desquels ce produit céramique a atteint un rare degré de perfection. Nous n'essayerons pas de les guider parmi toutes ces merveilles, mais nous appelons leur attention sur la grande richesse et l'extrême variété de la décoration, et sur la quantité de procédés divers et ingénieux mis en œuvre par les Anglais pour décorer, peindre, dorer, imprimer, lustrer leur porcelaine, qui a aujourd'hui sa place assurée au soleil, tout comme son antique et illustre devancière, la porcelaine dure de Chine, d'Allemagne et de France.

En effet, telle qu'on la fabrique aujourd'hui en Angleterre, la porcelaine tendre est bien supérieure, comme qualité, aux porcelaines tendres primitives; elle est plus durable, car elle reçoit un feu plus intense, qui donne à la couverte une dureté suffisante pour la plupart des usages ordinaires.

Deux grandes maisons du continent ont essayé et introduit, depuis vingt ans, la fabrication de la porcelaine anglaise dans leurs établissements céramiques. La faïencerie de Vaudrevange (Prusse Rhénane), appartenant à MM. Villeroy et Boch, est entrée la première dans la voie, où elle a été suivie par celle de Sarreguemines. Ces deux manufactures produisent une belle et bonne porcelaine tendre. Celle de Vaudrevange, décorée très-sobrement, se distingue particulièrement par l'excellence de son façonnage, due à des procédés mécaniques perfectionnés, ainsi que par la blancheur et la bonne exécution de toutes les pièces. Sous ces derniers rapports, la porcelaine de Vaudrevange est d'un mérite au moins égal à celui des meilleures porcelaines de l'Angleterre.

La porcelaine tendre de Sarreguemines reproduit ou imite les décors les plus courants des Anglais, sans renoncer d'autre part à une ornementation qui lui soit propre.

Il est vrai que cette fabrication n'a pas encore réussi à prendre un développement considérable dans ces deux établissements, et que, pour cette raison, elle ne saurait entrer en comparaison avec la porcelaine anglaise, sous le rapport de la diversité et de la richesse des formes et des décors, comme aussi sous le rapport du nombre des articles et de la masse de la fabrication.

La décoration la plus connue et la plus aimée pour la porcelaine anglaise consiste dans ces peintures bigarrées, composées de fleurs, d'oiseaux et d'ornements bizarres, qui aspirent évidemment à rappeler l'effet des peintures chinoises et japonaises. Ce genre de décor, exécuté sans art, n'a guère d'autre mérite que de produire sur nos sens cette impression confuse de couleurs et de lignes qui semble ne plaire que par son étrangeté, et qui nous frappe néanmoins si agréablement à l'aspect des belles porcelaines de la Chine et du Japon.

Un genre de décoration d'une réussite un peu plus difficile consiste en impressions de couleurs sur biscuit; ce genre s'exécute très-bien à Sarreguemines, notamment l'impression en bleu d'azur.

7ᵉ CLASSE. — Porcelaine dure.

La porcelaine dure, la véritable porcelaine, placée au sommet de l'échelle des produits céramiques, constitue en effet la poterie la plus parfaite, la plus estimée et la plus précieuse.

Ce qui lui vaut ce premier rang incontestable et incontesté, c'est non-seulement sa beauté et sa blancheur, sa dureté et son inaltérabilité, mais encore ce sont les minéraux rares et sans souillures qui la composent, c'est la température si élevée de sa cuisson, c'est enfin sa translucidité caractéristique, qui étonna tant le monde europé en lors de sa première apparition, et qui la fit rechercher et apprécier longtemps à l'égal d'une pierre précieuse. L'ignorance où l'on était des procédés de sa fabrication, et le long problème qui fut ainsi posé, pendant deux ou trois siècles, aux potiers de l'Europe, et résolu en 1709, par l'alchimiste saxon *Böttger*, ne contribuèrent pas peu à agrandir encore la valeur et la célébrité de la porcelaine.

La pâte de la porcelaine dure n'est essentiellement composée que de cette argile d'une finesse et d'une pureté particulières, qui résulte de la décomposition de certaines roches granitiques, et qui porte le nom chinois de kaolin. A ce kaolin est ajoutée comme fondant la roche feldspathique elle-même, qui l'a produit en se délitant. C'est également le feldspath ou la pegmatite qui compose presque entièrement la couverte ou glaçure.

Une composition si simple, si exempte de toute sophistication artificielle, fait de la porcelaine dure un produit éminemment naturel, en ce qui concerne les matières premières, un produit qui est extrait, pour ainsi dire tout préparé, du sein de la terre, et qui est formé de ce que la nature renferme de plus pure argile.

Les Chinois et les Japonais, les créateurs de la porcelaine, pratiquaient cet art intéressant depuis les temps les plus reculés. Mais la distance énorme qui nous sépare de ces contrées, et l'isolement jaloux dans lequel ces peuples se sont toujours complu, n'avaient pas permis qu'il nous en parvînt des notions avant l'époque des grandes circumnavigations. Les rares voyageurs arabes et l'Italien Marco Polo, le premier Européen qui parvint en Chine au treizième siècle, avaient émis sur l'art de la porcelaine dans ce pays des relations plus fabuleuses qu'exactes.

Il est peu douteux que des exemplaires rares et isolés de la porcelaine orientale n'aient circulé en Europe, dès le moyen âge, transmis de main en main par les voyageurs et les trafiquants sur les mers lointaines de l'Asie.

Mais ce ne fut qu'en 1518 que les Portugais commencèrent, après leur établissement à Macao, à importer la porcelaine de Chine en Europe. Dans le siècle suivant, les Hollandais s'employèrent aussi à cette importation, en sorte que, tout en demeurant un objet de luxe très-coûteux, la porcelaine était cependant devenue un article commercial à la portée de tout homme assez riche pour le payer.

La haute valeur attachée alors à cette poterie énigmatique, les faveurs royales dont elle était l'objet, poussèrent, on le pense, nombre de chercheurs ardents à résoudre le problème de sa fabrication.

Ce fut dans un pays riche en minéraux céramiques excellents, et à la cour d'un prince connu par ses prodigalités, à qui sa folle passion pour les porcelaines chinoises et japonaises avait fait dépenser des sommes énormes, et vendre de ses soldats au roi de Prusse, qu'un adepte de la science hermétique, qui prétendait faire de l'or et avoir trouvé la pierre philosophale, découvrit, dans le silence de son laboratoire, où il était gardé à vue, le secret de la fabrication de la porcelaine (1707 à 1709). L'électeur de Saxe, Auguste le Fort, s'empressa aussitôt de fonder une manufacture royale de porcelaine à Meissen, dont il confia la direction à l'inventeur *Böttger* lui-même.

Jaloux de ce succès, les grands et les petits potentats de l'Allemagne, et même du reste de l'Europe, voulurent avoir chacun sa manufacture de porcelaine privilégiée. On vit ainsi se fonder successivement la manufacture impériale de Vienne (1617), la manufacture électorale de Hœchst, près Mayence (1740); enfin, celle de Furstemberg, dans le Brunswick (1640), de Nymphembourg, près Munich (1758), de Berlin (1763), de Saint-Pétersbourg (1756), etc., etc. Indépendamment de ces manufactures créées et subventionnées par les différents États, il s'en éleva beaucoup d'autres dues à l'initiative particulière.

En France, nous l'avons dit, la porcelaine tendre a précédé la porcelaine dure. Dès 1695, cette fabrication s'était établie à Saint-Cloud, à Chantilly, à Vincennes, et de là à Sèvres. Ce n'est qu'à dater de la découverte du kaolin de Saint-Yrieix, en 1765, que commence en France la fabrication de la porcelaine dure (à Sèvres, vers 1770, et à Limoges, en 1773, par *Massié, Grellet et Cie*), à une époque où, comme nous venons de le raconter, la confection de la porcelaine était déjà en pleine activité dans beaucoup de fabriques d'Allemagne. A partir de cette date, la manufacture de Sèvres fit des progrès rapides et conquit promptement le premier rang, qu'elle n'a cessé depuis d'occuper dans cet art, par l'élégance et la beauté de ses produits, et les peintures charmantes dont elle a su les décorer.

Arrivant à l'examen des produits les plus remarquables de cette classe, qui figuraient à l'Exposition universelle, nous commencerons, comme de juste, par la porcelaine de souche orientale, celle de la Chine et du Japon. On connaît assez la décoration céramique adoptée dans ces pays. Peintures de fleurs, d'animaux et d'oiseaux fantastiques, paysages et tableaux de genre sans perspective ni profondeur. Néanmoins ces peintures sont pleines d'agrément, et les pièces ainsi décorées ont un cachet à part, d'un effet charmant ; elles font une fière mine partout où on les installe, et ne déparent pas les lieux les plus somptueux. Comment se fait-il qu'il suffise d'une paire de ces potiches du Japon enluminées de bleu, de rouge et d'or, pour donner aussitôt un grand air à l'appartement ou au vestibule qu'elles ornent? Quel est le secret du charme de cette décoration! N'agit-elle sur nos sens que par son aspect exotique, et ne nous plaît-elle qu'à la manière de ces végétaux de serre chaude qui nous transportent en imagination dans les paysages des tropiques? Il est difficile d'admettre que le plaisir que nous ressentons à la vue d'un objet résulte uniquement de son étrangeté ou de sa provenance lointaine. Force nous est donc de convenir que la peinture céramique des Chinois et des Japonais est une décoration bien entendue, parfaitement adaptée aux formes avec lesquelles elle se trouve dans un lien intime et indissoluble. On admire, entre le décor et la pièce, cette union gracieuse et nécessaire qui existe entre le lierre et le tronc du chêne qu'il embrasse, entre la vigne et les branches de l'ormeau ou de l'olivier qu'elle enlace de ses pousses. Voilà pourquoi on ne se lassera jamais de rechercher et d'admirer des œuvres d'une si parfaite harmonie, et pourquoi les vases chinois et japonais sont et resteront à bon droit des objets d'un luxe élégant et de bon aloi. La porcelaine chinoise n'était guère représentée à l'Exposition que par des pièces sorties de collections françaises; aussi ne saurait-on se former une idée nette, d'après ces échantillons,

de l'état où se trouve la fabrication actuelle en Chine. Quelques exposants japonais avaient envoyé un petit nombre de types intéressants de leurs porcelaines,
dont le style décoratif paraît s'être immobilisé, après avoir pris depuis longtemps
son cachet définitif.

Nous ne nous étendrons pas davantage sur ces produits lointains, nous con-
tentant de faire remarquer que la porcelaine de la Chine et du Japon est moins
blanche que les porcelaines européennes, que probablement elle reçoit une
température de cuisson moins élevée que celles-ci, et que la couverte est, par
suite, plus tendre ; que la palette des Chinois est moins riche que la nôtre, quoiqu'elle possède encore quelques particularités qu'on n'a pas su jusqu'à présent
imiter parfaitement en Europe, notamment les fonds rouge-rubis, colorés par le
protoxyde de cuivre.

Si nous poursuivons notre examen des porcelaines suivant le rang d'ancienneté
de leur fabrication, nous nous arrêterons d'abord devant les produits de la manufacture royale de Saxe, dont l'exposition était remarquable à plus d'un point de
vue. Nous y signalerons deux guéridons, tout en porcelaine, et décorés avec bien
des soins minutieux, du prix de 3,500 et 1,500 francs ; des vases peints en ca-
maïeu du prix de 5,000 francs, et une quantité d'autres pièces ayant chacune son
genre de mérite particulier. La manufacture royale de Meissen n'est pas sortie de
son ancienne tradition. Elle a voulu rester fidèle au style et au genre du dix-huitième siècle, qui ont fait sa célébrité. Elle continue à faire du vieux Saxe. Nous
croyons devoir féliciter cet établissement de s'être conservé une manière et un
style à lui, qui ne permettent pas de confondre ses produits avec ceux des autres
manufactures analogues.

La beauté de sa pâte et d'un certain nombre de ses couleurs, ainsi que
les soins donnés à l'exécution de ses figurines de fantaisie et de ses statuettes
peintes en style Pompadour, sont les marques qui caractérisent plus particulièrement la porcelaine de Saxe.

Dans les produits de la manufacture royale de Berlin, on observe au contraire
une tendance à rechercher des voies nouvelles ; mais cet établissement ne
paraît pas être traité avec la munificence digne d'un grand État, et sa situation
précaire (la Chambre prussienne a rejeté les crédits de subvention) n'est pas
faite pour lui donner un essor brillant. Sa pâte est belle, et ses ustensiles de
chimie en porcelaine sont recherchés. Nous avons remarqué dans son exposition
deux vases noirs, des vases marbrés en gris-bleu, et des biscuits peints de style
étrusque.

La manufacture impériale de Vienne n'avait pas exposé ; aurait-elle cessé
d'exister ? Ces institutions céramiques subventionnées sont devenues, hélas ! une
charge gênante pour les budgets de certains États dont les finances sont peu florissantes dans nos temps d'armements à outrance.

Les produits exposés par la manufacture impériale russe de Saint-Pétersbourg
ont un air de parenté avec ceux de Sèvres. Enfin, une autre manufacture royale,
celle de Copenhague, avait également envoyé de ses porcelaines à l'Exposition ;
mais il nous serait difficile d'en citer rien de saillant.

Parmi les établissements privés les plus considérables de l'Allemagne et de
l'Autriche, nous citerons :

1° Celui de M. *Charles Krister*, à Waldenburg (Silésie prussienne), qui, monté
sur une grande échelle, produit une masse considérable de porcelaine courante
à des prix exceptionnellement bas ; mais aussi la pâte n'approche pas, en beauté
et en blancheur, de celles de Saxe ou de Limoges. C'est une marchandise
usuelle et à bon marché qui fait concurrence aux faïences fines pour la grande
consommation.

2° Les fabriques de MM. *Fischer* et *Mieg, Haidinger frères, Haas, Anger*, toutes groupées aux environs de Carlsbad, dans l'angle ouest de la Bohême, centre principal de la production porcelainière autrichienne. Ce pays, très-riche en matière première et en combustible, se trouve dans les conditions les plus favorables pour l'industrie céramique et verrière. Les produits des établissements que nous venons de mentionner ne présentent du reste rien de bien saillant.

3° Enfin la manufacture de porcelaine de luxe de M. *Maurice de Fischer*, à Herend (Hongrie). Ce fabricant ingénieux est parvenu à imiter très-bien toutes les anciennes porcelaines les plus célèbres, celles de Chine, du Japon, le vieux Saxe et le vieux Sèvres.

Un tel résultat n'a pu être atteint qu'au prix de notables sacrifices et de laborieuses recherches, et atteste, chez son auteur, une connaissance consommée du métier et de toutes ses ressources.

M. *de Fischer*, dans un mémoire qu'il a présenté au Jury, signale lui-même les pièces les plus importantes de son exhibition, qui sont :

Un candélabre en porcelaine, imitation du Japon, monté en bronze;

Un vase, décor chinois, peint en relief, de 3 mètres de haut sur 5 mètres de circonférence ;

Un vase japonais blanc et bleu, de 3 mètres de haut, fait d'une seule pièce ; enfin, des corbeilles et d'autres objets réticulés ou travaillés à jour.

Nous ne ferons qu'une critique, c'est que la garniture en métal de ces lampes et de ces candélabres ne convient pas par son style aux peintures chinoises qui en décorent la surface.

Il nous reste à parler des porcelaines françaises, dont nous croyons devoir faire précéder l'examen par quelques considérations générales sur la situation actuelle de la fabrication en France.

La pâte de la porcelaine dure, nous l'avons déjà dit, est composée de différentes sortes d'argiles ou roches kaoliniques, plus ou moins plastiques, mêlées entre elles, de manière à ce que la pâte acquière non-seulement le degré de plasticité nécessaire au travail, mais aussi le degré de translucidité voulu, sans que pour cela elle se déforme pendant la cuisson. Mais, contrairement à la marche suivie pour la faïence fine et la porcelaine tendre, la porcelaine dure ne subit à sa première cuisson qu'un feu très-doux, dit dégourdi, qui n'a d'ailleurs pour objet que de donner à la pâte une consistance assez solide pour supporter, sans se briser, la manipulation de la mise en émail.

Le second feu, dit grand feu, atteint au contraire une température très-élevée, celle de la fusion complète du feldspath qui forme la glaçure. On comprend que cette cuisson si forte, à laquelle aucune autre poterie ne résisterait sans se liquéfier, soit de nature à produire une marchandise d'une dureté et d'une ténacité surpassant celles de toutes les autres poteries. En effet, la porcelaine dure n'a pas de rivale, comme vaisselle d'usage.

Limoges est en France le centre de l'industrie porcelainière. Ce pays très-boisé présentait autrefois des conditions fort avantageuses pour cette fabrication, car il abondait en bois, en cours d'eau et en matière première. Mais la vapeur qui a tant diminué l'importance des cours d'eau comme force motrice, et le combustible minéral, qui s'est substitué au bois sont venus changer ces conditions naguère avantageuses. La cuisson au bois devait avoir un terme le jour où le prix du bois, s'élevant sans cesse, en raison de sa destruction croissante, atteindrait un chiffre qui en interdirait l'emploi comme combustible industriel. La porcelaine dure fut donc mise en demeure de suivre l'exemple des autres grandes industries céramiques qui ont depuis longtemps adopté la cuisson à la houille.

Cette révolution, très-importante dans la fabrication de la porcelaine, s'opère laborieusement depuis dix ans, et n'est encore qu'à moitié consommée aujourd'hui, puisque la moitié des fabricants a persisté jusqu'à présent à cuire au bois.

La décoration de la porcelaine dure fait en quelque sorte l'objet d'une industrie à part, car beaucoup de fabricants vendent leurs produits en blanc aux ateliers de décor parisiens, ou les y font décorer à leurs frais.

Le décor à la moufle est presque le seul que comporte la porcelaine dure; car la température si élevée à laquelle elle est soumise, volatilise ou détruit les oxydes colorants susceptibles d'être employés sous la couverte, et rend presque impossible toute autre peinture que celle exécutée sur la couverte en couleurs vitrifiables. Nous aurons à signaler plus loin quelques tentatives nouvelles et intéressantes de décoration sur biscuit. En outre, la dureté de la couverte des porcelaines est un autre obstacle à la beauté des décors de moufle; car le feu de moufle est tout à fait impuissant à ramollir la couverte, et par conséquent à bien souder les peintures sur la pièce, à les y incorporer, pour ainsi dire. C'est là une des circonstances qui font que les amateurs et les connaisseurs recherchent et estiment davantage la porcelaine tendre primitive et les faïences, dont la couverte plus tendre admettait un glacé parfait et une adhésion indestructible des couleurs dont on l'ornait.

Si les merveilles réalisées par la manufacture impériale de Sèvres semblent contredire, en certains points, ce que nous venons d'avancer, c'est un fait qu'il faut noter à la plus grande gloire de cet établissement privilégié, qu'une savante direction pousse sans cesse dans la voie des progrès. Là, des mains habiles ont su pétrir et modeler cette pâte rebelle, lui donner les formes les plus recherchées, les dimensions les plus grandioses, et l'orner ensuite de couleurs don l'éclat, la pureté et le glacé sont étonnants et admirables. Aussi l'exposition de Sèvres imposait-elle à tous les visiteurs par ses magnificences; et, sans pouvoir absoudre tout à fait cet établissement des reproches et des critiques que des hommes de l'art lui ont adressés, surtout en ce qui concerne son style décoratif, nous ne lui marchanderons pas notre admiration, et nous reconnaissons qu'il serait difficile d'imaginer une plus grande richesse de décoration, de plus belles couleurs, des ressources plus étonnantes que celles qu'étalait sous nos yeux sa brillante exhibition, résultat splendide des efforts combinés de la science et de l'art, en vertu desquels Sèvres a non-seulement conservé son ancienne prééminence sur tous les autres établissements du même genre, mais encore a fait des progrès frappants et incontestables depuis les dernières expositions. Les décors si délicats de pâte sur pâte, les vases nombreux de toutes formes dont les couleurs magnifiques ont acquis un glacé que jusqu'ici on avait cru irréalisable sur porcelaine dure, rendent témoignage de ces progrès.

Un grand vase blanc, qui n'a pu être fait que par des moyens dont ne disposent pas les autres fabriques, nous a paru d'un grand mérite, bien que les anses de ce vase n'aient été fixées à la pièce qu'après la cuisson. Il nous a semblé que la pâte de cette pièce n'avait pas dû être de la composition ordinaire, et que sa température de cuisson avait été moins élevée que celle du grand feu habituel. Deux autres vases à fond jaune-clair, avec cartouches bruns portant les portraits de l'Empereur et de l'Impératrice, nous ont paru très-remarquables.

Il faudrait un volume pour détailler toutes les merveilles de cette exposition, ce que nous ne saurions faire sans altérer le caractère général que nous voulons conserver à notre étude. N'oublions pas cependant de mentionner encore les belles poteries vernissées de Sèvres, qui attestent de la part de la manufacture une certaine bonne volonté de se produire dans d'autres branches céramiques, et de sortir de la culture trop exclusive de sa porcelaine. C'est précisément le vœu que nous exprimions en parlant des grès-cérames, et nous saluons avec joie ces premiers pas faits dans une voie nouvelle.

En nous dirigeant à présent vers les porcelaines de Limoges, qui étaient groupées dans une exposition collective, symbole de l'espèce de camaraderie qui unit entre elles les différentes fabriques de cette ville, nous reconnaîtrons sans peine qu'il serait injuste de les apprécier au même point de vue que les produits somptueux de Sèvres.

Les choses superbes ou exquises qui sont possibles et même habituelles à la manufacture impériale, ne le sont plus de la part d'industriels limités dans leurs ressources, et appelés à satisfaire aux besoins courants et vulgaires de la société. Ici donc, il faut appliquer une autre mesure que pour Sèvres. Ce que nous aurions à relever et à louer chez les fabricants de porcelaine dure, serait donc la beauté et la blancheur des pâtes, le bon goût des formes, le mérite d'une bonne exécution et d'une bonne réussite, enfin le bon marché des produits et leur bonne adaptation aux emplois auxquels ils sont destinés.

La fabrication limousine, dont les produits ont une ressemblance de famille impossible à méconnaître, ne se fait pas encore entièrement au charbon de terre. La moitié à peu près des fabricants cuit à la houille, et se trouve par là en progrès sur les autres qui font encore usage du bois, progrès dont il faut tenir compte aux premiers, d'autant plus équitablement que la cuisson à la houille est loin d'être favorable à la beauté des produits.

Nous distinguerons dans le groupe limousin :

1° Les produits de M. Alluaud aîné, un des principaux fabricants de Limoges, qui prépare sa pâte dans ses usines avec des kaolins extraits de ses propres carrières; ses produits se recommandaient par leur beauté et leur pureté; nous y avons remarqué de beaux vases ornés d'un décor vert.

2° Les produits de MM. Ardant et Cⁱᵒ, également très-remarquables, et comprenant de jolies statuettes, groupes de figures, jardinières, etc. Ce fabricant cuit encore au bois.

3° MM. Haviland et Cⁱᵉ, qui travaillent pour l'exportation et occupent jusqu'à deux cents décorateurs, aux bonnes époques.

4° MM. Gibus et Cⁱᵒ, qui sont comptés parmi les meilleurs fabricants cuisant au bois, et qui produisent surtout des objets de fantaisie et des biscuits. Entre autres choses remarquables, ils avaient exposé des vases blancs ornés de reliefs jaunes, des pièces noires à reliefs blancs, et un surtout de table qui, ainsi que des assiettes à reliefs blancs sur fond céladon et gris foncé, a été acquis par le musée de Limoges. Tous ces articles étaient très-soignés.

5° La maison Julien, qui avait exposé de très-belle platerie, entre autres un plat à poisson d'un mètre de longueur. Les pièces de cette grandeur, quand elles sont bien réussies, valent de 90 à 120 francs.

Enfin, nous citerons MM. Guerry et Délinières comme bons fabricants cuisant à la houille, et M. Labesse comme exposant d'une belle platerie ovale à anses et d'assiettes travaillées à jour; M. Labesse cuit au bois.

Dans le Berry et le Bourbonnais, autres centres de production porcelainière, nous signalerons en premier lieu la maison Pillivuyt et Cⁱᵒ (à Mehun-sur-Yèvre), dont l'exposition méritait d'attirer l'attention des vrais connaisseurs par l'emploi de plusieurs couleurs nouvelles au grand feu, qu'elle nous présentait sur différentes pièces remarquables. Ce qui fait l'intérêt de cette tentative, c'est qu'elle nous montre, pour la première fois peut-être, des échantillons multicolores de couleurs autres que le bleu, employées sous la couverte. Il y avait du vert-bleu, du vert-olive, des bruns de manganèse et de nickel, et du rose qui avaient passablement bien résisté à la température destructive du grand feu.

Espérons que la décoration de la porcelaine dure parviendra à tirer parti de ces ressources nouvelles. Cette maison, qui avait exposé aussi de beaux décors de pâte sur pâte, s'adonne surtout à la fabrication en grand de marchandises à bas prix, et prépare elle-même ses pâtes.

La manufacture de Foëcy (Cher) avait aussi une exposition bien composée et digne de remarque.

Parmi les fabricants et décorateurs parisiens, il y a à citer : MM. Tinet (à Montreuil-sous-Bois) et Lebourg (à Paris), qui s'appliquent tous deux avec succès à reproduire sur nos porcelaines la décoration des Chinois et des Japonais ; M. Boutigny, dont les porcelaines sont ornées de décors très-luxueux, et enfin M. Rousseau, de Paris, que nous n'aurions pas dû omettre en parlant des faïences, car il pratique avec une simplicité de bon goût la peinture sur émail cru, et nous avons noté avec plaisir les beaux fonds turquoise dont il sait revêtir la porcelaine (de la porcelaine tendre, sans doute ?).

N'oublions pas, avant de finir, la chromolithographie céramique de M. Macé (à Paris-Auteuil) et les couleurs nacrées si délicates de M. Brianchon, qui malheureusement sont encore en France un privilége breveté de leur auteur.

Notre conclusion est que la fabrication de la porcelaine dure, comme celle de la faïence fine, est bien proche de ce point d'achèvement, sinon de perfection, qu'il n'est plus guère possible de dépasser, étant données les matières premières usitées jusqu'à ce jour. Par son essence même, la porcelaine dure devait être un produit de premier jet, et à partir du jour où l'alchimiste saxon eut obtenu une poterie blanche translucide, au moyen de kaolin et de feldspath, la porcelaine était faite. Il restait à l'adapter et à la plier à la grande fabrication, ce à quoi on a travaillé depuis un siècle et demi. Tout ce qui a été réalisé durant ce temps a rapport au perfectionnement mécanique des procédés, à l'exploitation industrielle, ou à l'art décoratif. La substitution de la houille au bois, pour la cuisson, a été dans ces derniers temps le progrès le plus considérable.

Les variations du goût et les inspirations diverses de l'art détermineront vraisemblablement les seules modifications auxquelles la porcelaine sera encore sujette à l'avenir.

A. ET L. JAUNEZ.

TROISIÈME PARTIE.

DES

PIERRES ARTIFICIELLES

PAR M. PAUL

INGÉNIEUR CIVIL.

HISTORIQUE

On fait généralement remonter aux Romains la préparation et l'emploi des pierres artificielles dans les constructions.

Plusieurs auteurs anciens prétendent, cependant, que cet emploi date de la plus haute antiquité. Ainsi, Le Gave de la Boulaye, vers 1645, qui croit avoir découvert les restes de la tour de Babel, dit que cette tour aurait été construite en briques crues ayant en mesures métriques 0^m,30 de large sur 0^m,30 de long et 0^m,10 d'épaisseur ; elles étaient jointes par un mortier fait de terre et de bitume (1).

On rencontre en Égypte, à 10 lieues du Caire, une pyramide de 45 mètres de hauteur, construite en briques crues ayant 0^m,36 de longueur, 0^m,18 de largeur et 0^m,12 d'épaisseur. On suppose que cette pyramide est celle dont parle Hérodote; elle fut élevée par Asychée, roi d'Égypte qui y fit cette inscription : « Ne « me méprise point en me comparant aux pyramides de pierres, je suis autant « au-dessus d'elles que Jupiter est au-dessus des autres dieux, car j'ai été bâtie « en briques faites avec du limon du fond du lac. »

Ces briques, en effet, étaient composées d'un mélange de terre noire et argileuse, de petits cailloux et de paille hachée.

Les Grecs et les Romains firent aussi usage de briques crues. Vitruve cite, à ce sujet, un mur d'Athènes, les murs du temple de Jupiter et d'Hercule.

Les grandes et fortes murailles de l'empire du Maroc sont construites de la même façon. Ces pierres factices ont été, pour ces antiques monuments, formées les unes sur les autres, en battant la matière entre des planches avec des pilons.

Les briques mobiles de grande dimension avaient 0^m,745 en tous sens ; elles demandaient un temps très-long pour sécher, et il existait à Utique des lois exigeant qu'elles eussent cinq ans avant d'être employées.

(1) Cette manière de bâtir est encore en usage, à peu de chose près, à Bagdad, à cause du voisinage d'un grand lac d'où on tire le bitume.

Chardin disait qu'à Ispahan on construisait principalement en briques crues, surtout pour les maisons d'un étage. Ces briques avaient 0ᵐ,22 de long, 0ᵐ,10 de large et 0ᵐ,07 d'épaisseur.

De nos jours encore, on construit de la même façon dans beaucoup de parties de l'Asie.

Nous voyons ensuite apparaître les briques cuites, et enfin les pierres faites avec du mortier de chaux, lesquelles ont dû coïncider avec la découverte de la chaux.

De la Faye, Fleuret et d'autres qui se sont beaucoup occupés de l'ancienneté des pierres artificielles, et qui, dès la fin du siècle dernier, firent de grandes recherches sur les travaux des Romains et indiquèrent des procédés de fabrication, ne font point remonter l'emploi de la chaux au delà de l'époque romaine. L'explication de Rondelet me paraît assez ingénieuse pour être citée. Il admet qu'après l'incendie d'un grand édifice en pierres calcaires, on a dû remarquer qu'en jetant de l'eau sur les pierres calcinées elles se ramollissaient et formaient une pâte qui durcissait au bout d'un certain temps. Les premières applications de cette découverte, ajoute cet auteur, ont été des enduits sur des briques crues, comme, du reste, le rapportent Pline et Vitruve dans leur description du palais du roi Attale.

De plus M. de La Faye, dans son mémoire sur la préparation de la chaux par les Romains (1778), cite de nombreux passages de Vitruve où il est question de pierres artificielles en mortier de chaux. Mais, il est bon de le remarquer, ces pierres factices étaient très-légères et poreuses, et MM. de La Faye et Fleuret, dans leurs ouvrages, insistent beaucoup sur les résultats qu'ils ont obtenus en *massivant le mortier jeté dans un moule*, et en projetant dessus du sable très-fin et sec, ou de la poudre de pierre pour absorber l'eau qui sortait du mortier. Ils obtenaient ainsi des briques ayant la consistance de la pierre tendre.

Mais les Romains et les Grecs n'ont point seulement fait des pierres artificielles mobiles pouvant être placées ou déplacées ; nous retrouvons encore maintenant des pierres énormes, véritables monolithes, tels que la muraille de Sévère, les chemins militaires, des aqueducs, des ponts faits en blocage battu dans un encaissement avec des pilons. Cette maçonnerie ne fait plus qu'un tout, et la continuité des pleins la rend si compacte, dit Vitruve, que peu de temps après les murailles qui en sont faites sont indestructibles.

Les colonnes du chœur de l'église de Vézelay, en Bourgogne, les piliers de l'église de Saint-Amand, en Flandre, reconnus en pierres factices par Vauban, sont de la même origine.

Les Romains admettaient que ces constructions étaient d'une durée illimitée. Ils payaient une maison construite ainsi le prix intrinsèque de construction, tandis que si elle était en moellon, ils réduisaient de ¹/₈₀ autant de fois qu'il y avait d'années que la maison existait, car ils admettaient qu'une maison en moellon ne durait que 80 ans.

Les anciens, d'après les restes de travaux parvenus jusqu'à nous, ont donc tenté de remplacer les blocs de pierres naturelles par des blocs de pierres artificielles faits soit sur place, soit à côté des lieux d'emploi, et posés comme les pierres naturelles.

En résumé, soit disette de pierres naturelles dans les terrains d'alluvion, soit économie, on commença d'abord par utiliser la propriété plastique de la terre glaise ou argile pour fabriquer les briques crues en pétrissant l'argile pure ou mélangée, et laissant sécher au soleil : ceci fut l'origine du torchis, du pisé, des briques crues, employés encore dans la Champagne, dans le Nord, dans le Lyonnais.

Plus tard, quand on s'aperçut de l'altération et de la destruction de ce genre de construction, pour obtenir plus de solidité, on remplaça la simple dessiccation au soleil par la cuisson par le feu : de là, l'industrie des briques et des terres cuites.

Ensuite, on chercha à imiter les pierres naturelles dans leur nature et dans leur aspect en mélangeant différentes matières avec le mortier de chaux, ce qui fut le point de départ des pierres moulées à base de chaux et des bétons agglomérés. Cette industrie a été à peu près abandonnée pendant très-longtemps, quoique nous retrouvions, par la tradition, dans certaines localités, tous les rudiments des méthodes et des procédés romains employés encore maintenant.

Cette industrie, développée et perfectionnée, a donné, comme pierres monolithes et comme pierres moulées, naissance à des applications qui tendent à se généraliser dans toutes les constructions.

Comme complément historique, ajoutons que les premières tentatives datent de 1800, par M. Fleuret, professeur d'architecture à l'École impériale militaire de Paris. Il fit des travaux de canalisation en mortier de chaux battu et massivé entre des moules.

Vers 1828, un Suédois nommé Ridyn, a fait des maçonneries avec un mortier maigre et fortement massivé dans des moules.

Vers 1829, M. Lebrun a fait les fondations et murs de cave de sa maison de campagne en ajoutant de la chaux en poudre et de la cendre de houille aux terres et graviers employés pour faire le pisé. En 1840, il fait paraître son traité de l'art de bâtir en béton.

Dès 1850, M. François Coignet remplaçait le pisé de Lyon, par un béton fait avec des mâchefers ou résidus de la combustion de la houille et une très-faible proportion de chaux. Puis continuant ses essais, il remplaça le mâchefer par le sable, la chaux en pâte par la chaux en poudre, et son procédé, modifié, amélioré, est devenu l'industrie des bétons agglomérés, industrie qui fait en ce moment d'immenses travaux d'égout pour la Ville de Paris, des fondations, des murs de soutènement, des aqueducs, des maisons à 5 étages et enfin des pierres moulées de toutes sortes pouvant reproduire la statuaire antique. C'est évidemment la plus grande expression du développement des pierres artificielles.

Je ne parle que pour mémoire des pierres factices à base de ciment, des carreaux moulés et chaux datant de quelques années seulement et qui ont presque tous pour base le procédé de François Coignet.

Dans ces dernières années MM. Ransome et Parsons, d'Ipswich (Angleterre), ont appliqué le silicate de soude ou de potasse comme agglomérant des sables siliceux pour la fabrication des pierres ornées.

Nous diviserons donc les pierres factices en trois classes, et, dans notre étude sur l'Exposition de 1867, nous classerons les différents produits exposés suivant cette méthode.

PREMIÈRE CLASSE. — Les produits obtenus par les matériaux terreux ou argileux, tels que : *les briques crues, le torchis, le pisé.*

DEUXIÈME CLASSE. — Les produits obtenus par les mélanges de matières inertes telles que : *le sable* et *le cailloutis avec la chaux, le ciment* ou *les silicates,* tels que le béton Lebrun, le béton Coignet, les carreaux comprimés, les produits en ciment moulé, le procédé Ransome.

TROISIÈME CLASSE. — Les produits obtenus par l'utilisation des divers résidus, les ornements en plâtre, stucs.

I. — MATÉRIAUX TERREUX

Briques crues.

On emploie encore ces briques dans certaines localités, notamment en Champagne, dans les environs de Reims. Elles ont généralement $0^m,30$ de long sur $0^m,15$ de large et $0^m,08$ ou $0^m,15\,^1/_2$ d'épaisseur.

Presque toutes sont faites avec la boue que les habitants recueillent sur les routes, ou bien encore avec un mélange d'une terre argileuse et de sable calcaire appelé *grève*. Dans les deux cas, le mélange obtenu est un mélange d'argile, de silex et de craie.

Ce genre de construction craint l'humidité, il faut éviter de l'employer dans des lieux bas et humides.

Pour que ces briques soient de bonne qualité, il faut prendre de l'argile blanche ou rouge, la pétrir et la mélanger avec le sable de grève. La pâte faite soit par le piétinement, soit au moyen d'un broyeur, est moulée par les mêmes procédés que la brique ordinaire cuite, puis on la laisse sécher. On doit la fabriquer soit au printemps, soit à l'automne, parce que, pendant l'été, la dessiccation ayant lieu d'une manière trop rapide, les briques se fendillent et se gercent facilement. De plus, elles ne doivent être mises en œuvre qu'après deux ans de fabrication, pour le moins.

La maçonnerie s'exécute en jointoyant ces briques avec du mortier de chaux ou du mortier de terre argileuse. Pour éviter la destruction des murs ainsi obtenus, on les recouvre d'un crépissage à la chaux.

Ces constructions sont fort solides et durent très-longtemps. Il y a quelques années, aux environs du camp de Châlons, j'ai vu un mur fait ainsi et ayant déjà plus d'un siècle d'existence. Les fermes impériales qui entourent ce camp sont construites en briques crues. Ces briques sont un mélange de terre calcaire argileuse et d'un cinquième à un dixième de chaux. Le tout est malaxé dans un broyeur ordinaire, et ensuite comprimé dans des moules à briques.

On en fait de deux dimensions : les unes de $0^m,12$ d'épaisseur, $0^m,15$ de largeur et $0^m,33$ de longueur; les autres de $0^m,13$ d'épaisseur, $0^m,13$ de largeur et $0^m,27$ de longueur. Elles coûtent 12 francs le mille; elles sont posées, comme la brique ordinaire, sur mortier de chaux. Les murs sont recouverts d'un enduit de chaux d'un centimètre d'épaisseur.

Il faut citer une filature de laine à rez-de-chaussée, dont les murs, déjà fort anciens, sont construits de la même façon.

Les constructions en briques crues sont encore en usage depuis les temps les plus reculés dans les provinces méridionales de la Russie.

Là, elles résistent à des automnes très-humides, à des froids de — 30° cent., froids qui durent des mois entiers et alternent parfois avec le dégel.

Ces circonstances défavorables témoignent d'une grande solidité, qui doit tenir en partie à la qualité de la terre de Russie, plus siliceuse que celle de la Champagne, et peut-être bien aussi à une compression plus énergique dans le moulage des briques.

Ces briques sont composées de terre un peu sablonneuse, de paille, de foin haché ou d'herbe. On les prépare ainsi :

Après avoir enlevé la couche de terre végétale jusqu'à $0^m,33$ de profondeur, sur une étendue de 5 à 6 mètres de diamètre, bêché la surface découverte de $0^m,33$ environ, on verse la quantité d'eau nécessaire pour convertir en boue épaisse la terre remuée. Puis cette boue est piétinée par un cheval ou un bœuf jusqu'à ce que l'eau soit uniformément absorbée; alors on ajoute les matières végétales qui doivent lier cette pâte, et dont la quantité se détermine par la nature de la terre employée, et on fait piétiner le mélange.

L'opération du piétinement recommence chacun des deux jours suivants jusqu'à ce que l'eau, ajoutée chaque fois pour humecter le mélange, soit entièrement absorbée et qu'une légère odeur de pourriture indique un commencement de décomposition des matières végétales.

La température influe beaucoup sur la durée de cette préparation; dans les grandes chaleurs, elle est quelquefois terminée en un seul jour.

La terre, ainsi préparée, est tassée fortement dans des moules dont la largeur et la longueur varient suivant la nature du travail à exécuter, mais dont l'épaisseur doit être de 0m,20 pour donner des briques de 0m,16 d'épaisseur.

Lorsque tout le mélange est employé, on bêche de nouveau dans le même trou, et on recommence l'opération.

Les briques doivent être retournées souvent jusqu'à ce qu'elles soient sèches, elles sont ensuite empilées.

On pose ces briques avec un mortier fait de même terre sans adjonction de paille ou de foin haché. Il faut les poser en assises bien horizontales et mener toute la construction parallèlement, pour éviter des tassements inégaux qui compromettraient l'œuvre elle-même.

Les plafonds, les recrépissages des murs à l'intérieur, s'exécutent, au moyen du même mortier, en y mélangeant soit des balles de céréales, soit du crottin de cheval ou de mouton, soit des bouses de vache, mais en petite quantité.

A l'intérieur, on mouille la surface du mur, on refait les joints au même mortier, et le tout est égalisé à la taloche.

Rien à l'Exposition de 1867 n'a représenté cette industrie.

Du torchis.

Ce genre de construction est en usage dans le nord de la France, particulièrement dans la Somme et dans l'Aisne où il sert à construire des murs de clôture ou des bâtiments peu élevés.

Le torchis est un mélange de terre franche humectée et malaxée tant bien que mal avec du foin ou de la paille hachés. Pour l'employer, on le dépose avec une fourche, sur la fondation préalablement établie, par assises horizontales d'environ 0m,20 d'épaisseur, en ayant soin de laisser se raffermir avant d'en ajouter de nouvelles. Il faut, en outre, avoir soin de rafraîchir la couche inférieure pour qu'elle se lie mieux avec la couche suivante. Les parois sont ensuite mouillées et lissées à la taloche. Au bout d'un certain temps, quand le mur est sec, on y applique généralement un enduit de chaux.

Ce procédé, fort économique, craint beaucoup l'humidité; il faut l'isoler du sol au moyen d'une assise en pierres ou en moellons et avoir le soin de couvrir la partie supérieure des murs, soit par des chaperons, soit par tout autre moyen.

Rien à l'Exposition de 1867 n'a représenté cette industrie, qui aurait pu trouver son application pour des modèles de bergeries et autres bâtiments de fermes.

Du pisé.

Ce procédé économique est beaucoup employé dans le Lyonnais, l'Isère, l'Ain, la Loire, où, non-seulement il est appliqué aux murs de clôture, mais encore à la construction des maisons d'habitation.

On emploie pour faire du pisé la terre franche, graveleuse, préalablement écrasée grossièrement, passée à la claie pour enlever les plus gros cailloux, et simplement humide, soit naturellement, soit en l'humectant. Cette terre est ensuite comprimée sur place dans des encaissements ou moules au moyen d'un pilon rectangulaire étroit, appelé *pison*. On forme ainsi des massifs ou blocs partiels qui, juxtaposés les uns aux autres par la marche du moule, constituent le mur à élever.

L'encaissement ou moule consiste en deux panneaux de planches de sapin assemblées, ayant généralement 4 mètres de longueur et 1 mètre de hauteur. Ces deux panneaux forment ce qu'on appelle dans le Lyonnais *les banches*.

Ces banches sont maintenues rigides, en place, et parallèles l'une à l'autre au moyen d'entretoises ayant l'épaisseur du mur à construire, et appelées *gros de murs*, puis de boulons ou de serre-joints qui serrent les deux banches sur les gros de murs.

Les abouts de l'encaissement sont fermés par un petit panneau appelé trappon ayant la hauteur des banches et la largeur du mur à construire.

Le moule étant mis en place, on le remplit en pilonnant vigoureusement la terre déposée par couches de 0^m,12 environ. Chaque couche se réduit de moitié de son épaisseur. Quand le moule est plein, on desserre les boulons ou les serre-joints, on enlève les banches et on les fait glisser 4 mètres plus loin ; on les rétablit et on continue le travail en ayant le soin de le conduire par assises régulières et surtout de croiser les joints qui résultent des reprises du travail.

On protége ensuite ces murs en les recouvrant d'un enduit, soit de chaux, soit de plâtre, mais il faut avoir le soin de les laisser sécher au moins pendant un an pour que l'enduit adhère bien à leur surface et ne cloque pas par la gelée.

Il est bon aussi de ne pas faire reposer les murs en pisé directement sur le sol, mais bien sur des fondations en béton ou en maçonnerie de moellons, afin d'éviter que l'humidité du sol ne détruise la cohésion du pisé.

A défaut de terre franche, graveleuse, on peut employer pour faire le pisé toute terre qui, ni trop grasse ni trop maigre, comprimée dans la main, conserve la forme qu'elle a reçue.

Un mélange de terre franche, d'argile et de sable par parties égales donne une bonne terre à pisé.

Les avantages que présente l'emploi du pisé ont poussé beaucoup de personnes à en améliorer le procédé. Ainsi Rondelet conseillait déjà, pour donner plus de consistance au pisé, d'humecter la terre avec un lait de chaux en place d'eau ; par ce moyen, il obtenait un pisé plus ferme, plus consistant et dont les surfaces sont assez dures pour se passer d'enduit.

M. F. Coignet a proposé et appliqué en grand, dans ses usines de Lyon et de Saint-Denis, un pisé composé de terre argilo-sablonneuse mélangée avec 1/5 de chaux en poudre.

Ce mélange est ensuite broyé et malaxé dans un broyeur vertical. On ajoute au mélange juste la quantité d'eau nécessaire pour que la pâte obtenue soit ferme sans être mouillée.

Il a obtenu ainsi des murs qui ont résisté, sans aucun enduit, depuis plus de 10 ans, à toutes les intempéries, et qui ont une résistance à l'écrasement bien supérieure à tous les pisés que l'on fait dans le Lyonnais ; par suite, ils peuvent servir de murs d'habitation.

D'autres ont fait des mélanges de terre, de mâchefer et de chaux en pâte, mélanges broyés à la griffe ou au broyeur qui ont donné aussi des résultats très-satisfaisants.

Ces divers procédés devraient se propager pour les constructions rurales : les paysans et les agriculteurs parviendraient ainsi à bâtir à peu de frais et à temps perdu des habitations fort saines.

Il est à regretter que l'Exposition de 1867, dans son annexe de Billancourt, ne nous ait point donné des types de ces différentes méthodes de constructions à bon marché.

II. — MATÉRIAUX A BASE DE CHAUX, DE CIMENT ET DE SILICATES.

L'Exposition de 1867 nous offre de nombreux spécimens de cette classe. La France compte le plus grand nombre d'exposants, mais la plupart ne présentent que des produits de petites dimensions, tels que : carreaux à base de ciment ou chaux comprimés, statuettes, tuyaux, pierres d'ornement, etc.

Seule, la Société centrale des bétons agglomérés expose de nombreux spécimens de constructions monolithiques et de pierres moulées.

Il est à remarquer que, dans ces dernières années, les produits factices ont fait de réels progrès, parce que, à côté de l'amélioration des chaux hydrauliques et de la fabrication mieux entendue des ciments, est venu se placer un principe nouveau, celui de l'agglomération des mélanges *peu mouillés*, et c'est là le point capital du procédé Coignet.

Toute l'industrie des carreaux et des pierres moulées comprimées à base de chaux ou de ciment repose sur ce nouveau principe.

Chaque fois que l'on s'en éloigne pour obtenir des produits simplement coulés, basés uniquement sur la prise et la bonté des ciments, on voit se produire le fendillement ou le retrait. Cet accident peut être dû à une action chimique, mais il est le plus souvent produit par l'excès d'eau que l'on introduit dans le mélange pour le rendre plus gras et plus facilement maniable.

Béton Lebrun.

Le point de départ du procédé de M. Lebrun a été l'introduction dans le pisé d'une certaine quantité de chaux; ce mélange, aggloméré ensuite dans des moules, produisit un véritable béton, avec lequel M. Lebrun fit une partie des fondations d'une maison de campagne. Le résultat n'étant point satisfaisant, il améliora son procédé par l'adjonction d'un mélange de cendre de houille et de chaux en poudre aux terres ordinaires du pisé. Ce mélange, broyé par les procédés ordinaires, était ensuite coulé et battu dans des moules disposés sur place.

M. Lebrun fit ainsi de nouvelles constructions en élévation, mais bientôt la difficulté d'obtenir de grandes régularités dans les moulures, puis des retraits énormes, lui firent abandonner ce procédé.

Actuellement, il fabrique des pierres factices en mêlant une certaine quantité de sable avec un ciment spécial à prise lente, qu'il fait lui-même et qu'il appelle *hydro*. Ce ciment s'obtient en réduisant en poussière fine les pierres à chaux hydraulique et à ciment, et en les mélangeant avec des poussières de coke ou de charbon dans la proportion de *cinq* parties de poudre de pierres contre *une* de combustible.

M. Lebrun fait ainsi des briques qu'il cuit dans des fours à chaux ordinaires et qu'il réduit ensuite en poudre au moyen de meules. Ce ciment pèse 1,350 kilos le mètre cube.

Le mélange employé pour la fabrication des pierres factices est de trois parties de sable et d'une de ce ciment spécial, le tout humecté par une très-faible quantité d'eau, et comprimé ensuite dans des moules de fonte. Il produit ainsi des balustres, des corniches, des pilastres ; les carreaux destinés aux dallages sont recouverts d'une couche de ciment pur.

M. Lebrun a exposé, cette année, des vases, de petites statuettes, dont la couleur grise rappelle beaucoup celle de la pierre et dont la dureté est satisfaisante.

Bétons agglomérés. — Système F. Coignet.

Cette industrie, presque ignorée il y a 10 ans, est arrivée, en peu de temps, à prendre une place importante dans les travaux publics.

Les bétons agglomérés offrent l'avantage de pouvoir être employés partout, en utilisant tous les sables et toutes les chaux, et de ne point exiger d'ouvriers habiles. — Aussi ces bétons ont-ils été appliqués à de grands travaux hydrauliques, en Égypte, à l'isthme de Suez, où l'on a utilisé des sables impalpables ; à Paris, où l'on a construit plus de 60 kilomètres d'égouts, les voûtes des sous-sols de l'Exposition, celles de la caserne de la Cité, la scierie d'Aubervilliers, des sous-sols de maisons, une maison entière à cinq étages, rue Miromesnil, n° 98, de nombreux massifs de machines, le pont sous rails de Sainte-Colombe, pour la Compagnie de Lyon à la Méditerranée, l'église du Vésinet, etc.

Le béton Coignet est un simple mélange parfaitement homogène et à peine humecté, composé d'une forte quantité de sable avec une petite quantité de chaux, auxquels on ajoute une faible partie de ciment quand on veut obtenir des prises plus rapides ou de plus grandes duretés.

Ce mélange, presque sec, amené à un état de pâte pulvérulente, ferme, au moyen de broyeurs spéciaux, est introduit dans des moules de forme quelconque, puis soumis à l'action répétée d'un corps dur et pesant. Il donne lieu à un produit assez ferme pour que le moule, démonté immédiatement, laisse une pierre, reproduction fidèle du moule, et qui acquiert, en fort peu de temps, la dureté des meilleures pierres naturelles.

Ces divers tours de main, la trituration énergique, l'agglomération par le pilonnage, produisent des effets tels que, pour constituer un mètre cube de maçonnerie, il faut 17 hectolitres de matières, sable, chaux, ciment. Aussi la pierre pèse-t-elle de 2,200 à 2,400 le mètre cube. Ces moyens augmentent beaucoup la prise des chaux et ciment, et on obtient des pierres dont la résistance à l'écrasement dépasse 400 kilogrammes par centimètre carré, tandis qu'à dosage égal, à l'état de mortier ordinaire, on obtient des blocs présentant fort peu de résistance.

Voici l'explication de ce fait :

Lorsqu'on fait du mortier, il y a toujours un excès d'eau, lequel s'interpose entre les molécules de chaux et en empêche la prise. Plus tard, cet excès d'eau s'évaporant, il reste un corps plus ou moins poreux et friable. Tandis que si l'on admet que la prise des chaux et ciments est une véritable cristallisation, confuse, il est vrai, soit de l'hydrate de chaux, quand il s'agit de chaux, soit du silicate ou de l'aluminate de chaux mélangés, ou combinés, qui constituent dans leurs différentes proportions les chaux hydrauliques et les ciments, il en résulte que cette cristallisation sera d'autant plus énergique qu'on éliminera la plus grande partie de l'eau en excès dans la confection du mortier, et que ce mélange de sable, de chaux et de ciment sera plus intime. Cela serait, du reste, la justification d'un bien vieux proverbe : « On obtient toujours de bon mortier avec de l'huile de bras. »

Non-seulement le durcissement des matières est dû à la dureté propre des différentes qualités de chaux ou de ciment employés, mais la carbonatation et l'incrustation viennent aussi augmenter le durcissement. — La carbonatation est d'autant plus intense que la chaux est plus divisée. — Pourquoi n'agirait-elle pas comme la mousse de platine qui absorbe très-rapidement le gaz ?

Cet effet de carbonatation augmentant la densité et la dureté du mortier, en bouchant et remplissant les pores, se produit toujours de l'extérieur au centre, et il est d'autant plus lent que les pores se bouchent plus rapidement à la surface. Enfin, le durcissement par l'incrustation est dû aux sels et aux carbonates entraînés par les eaux qui pénètrent jusqu'au cœur de la maçonnerie.

En résumé, il est essentiel, pour remplir toutes ces conditions, de gâcher les mortiers avec le minimum d'eau, et de les mélanger le plus intimement possible.

Théoriquement le béton Coignet réunit tous ces préceptes. A côté de la cohésion naturelle qui provient du rapprochement, de la compression des matériaux constitutifs, il donne lieu à des cristallisations plus intenses, plus rapides, par le peu d'eau introduit dans le mélange. La chaux étant très-divisée, la carbonatation se fait rapidement ; de là un bloc qui, dès les premiers moments de sa fabrication, ne redoute rien des intempéries.

Examinons maintenant le choix des matériaux avec lesquels on obtient les résultats les plus favorables.

La chaux, autant que possible, sera hydraulique ; si elle est grasse, on la rend hydraulique par l'adjonction d'une petite quantité de ciment.

Dans tous les cas elle doit être délitée en poudre sans biscuits ni incuits, car les biscuits fusent à la longue et désagrégent le béton par leur augmentation de volume ; les incuits sont inertes et diminuent la qualité de la chaux.

Cette opération du délitage est très-simple. La chaux éteinte par aspersion est mise en tas, se délite, augmente de volume, et quand, au bout de cinq à six jours, l'effet est bien produit, on la blute dans un blutoir ordinaire, dont la toile métallique est du n° 35. La chaux en poudre, mise en sac, se conserve fort longtemps.

M. Coignet a constaté qu'au moyen de la parfaite trituration et de la compression, toutes les chaux, même les plus communes, au bout d'un certain temps, arrivaient au même résultat, il n'y a eu de différence que la prise initiale ; ceci s'explique par la carbonatation ultérieure.

Les ciments sont, autant que possible, des ciments lourds à prise lente. On en augmente la proportion suivant la rapidité des prises et la dureté initiale que l'on veut obtenir.

Le sable de rivière mélangé de grains de 1 à 5 millimètres est le meilleur ; trop gros, il donne des maçonneries rugueuses ; trop fin, il écarte trop les molécules de chaux, retarde la prise et diminue un peu la dureté.

Avec des sables de mines, on fait de très-bonnes maçonneries ; mais pour un résultat analogue à celui du sable de rivière, il faut augmenter un peu la dose de chaux et de ciment.

Les sables très-fins, tels que celui des Landes, exigent des broyages et un pilonnage très-soignés et donnent ainsi de très-bons bétons.

Le mélange se fait en mesurant les matériaux à la brouette, puis les répandant sur le sol ; on les retourne à la pelle jusqu'à ce que le tout soit bien homogène. On le met ensuite à la pelle ou mécaniquement dans un broyeur spécial, et l'on y verse par petites parties la quantité d'eau voulue pour que le béton, en sortant, soit à l'état de poudre pâteuse ferme. Plus le broyage est énergique, plus la division de la chaux et du ciment devient complète ; par suite, la prise initiale est plus rapide et le durcissement plus grand.

Le broyeur dont on se sert pour obtenir ce résultat est vertical. C'est un arbre tournant soit par un cheval soit mécaniquement, dans une cuve en tôle percée de nombreux trous à sa partie inférieure. L'arbre est armé de couteaux disposés en hélice et porte à sa partie inférieure un expulseur cycloïdal, qui rejette toujours en broyant sur la paroi pleine, le béton qui vient de la partie supérieure.

Un cercle vanne permet de régler la sortie du béton, et par suite d'augmenter le broyage suivant le travail que l'on a à établir.

Le béton obtenu ainsi à l'état plastique, ferme, est jeté dans les moules par couches minces variant de 0^m,03 à 0^m,06, puis, battu et comprimé par le choc méthodique d'un outil appelé pison ou pilon, lequel pèse de 7 à 8 kilog. ; il est rectangulaire. Pour que les différentes couches de béton se soudent et adhèrent les unes aux autres, surtout quand on emploie des sables très-fins, il est utile de gratter et de raviver la surface pilonnée au moyen d'un râteau.

Le moulage du béton Coignet est très-important et parfaitement établi. Les moules sont de deux sortes, ceux destinés à l'emploi du béton sur place et ceux destinés à faire des pierres moulées que l'on pose plus tard, comme on le ferait d'une pierre de taille.

Les moules destinés à agir sur place sont, en principe, composés de banches et de trappons comme pour le pisé, maintenus en place par des entretoises ou gros de mur et serrés au moyen de boulons. Suivant que ce moule porte des ornements, des feuillures ou les ébrasements de portes ou de fenêtres, on obtient les parties ornées, les feuillures ou les ébrasements.

Le moulage pour les pierres moulées permet, par suite d'un emploi spécial du plâtre, de reproduire tous les objets possibles, depuis les corniches ornées jusqu'aux statues.

Voici les dosages employés dans les principales applications du béton en constructions monolithiques : les égouts de Paris, de tous les types ; ceux de l'Exposition de 1867, ont été faits avec un mélange de 5 de sable, 1 chaux, 1/4 ciment en volumes. La rapidité du travail est telle que le décintrage se fait dans les 6 ou 8 heures qui suivent la mise en œuvre, et que ces égouts peuvent être mis en service 4 ou 5 jours après leur entier achèvement.

Les voûtes à toutes portées au 1/10e de flèche se font généralement avec un mélange de 5 sable, 1 chaux, 1/2 ciment. On comprend que, avec l'absence d'appareillage et surtout en ayant à sa disposition une matière dont tous les éléments se soudent les uns aux autres, on peut faire ainsi des voûtes de dimensions colossales, et la Société des bétons a construit un grand nombre, parmi lesquelles nous citerons les voûtes formant le sous-sol de la galerie des aliments et des prises d'air au palais de l'Exposition de 1867. Elles forment voûtes d'arêtes et reposent sur des piliers isolés de 0^m,30 en tous sens, elles ont 3 mètres de portée, le 1/10 de flèche et 0^m,14 d'épaisseur à la clef. Celles de la caserne de la Cité ont 5^m,60 de portée, le 1/10 de flèche et 0^m.22 d'épaisseur à la clef. L'une d'elles, prise comme essai, a supporté 48,000 kilog. sur 12 mètres carrés un mois après sa construction.

De nombreux et énormes massifs de machines ont été construits dans l'Exposition. Le mélange employé est le même que celui des voûtes.

L'église du Vésinet, une des constructions monolithiques les mieux réussies, est construite en sable de mine du Vésinet. Le mélange a été de 5 sable de mine, 1 chaux et 1/4 de ciment.

Les dallages se font avec 5 sable, 1 chaux et 1 ciment, ils sont pilonnés avec beaucoup de soins et lissés à la truelle.

Dans la scierie d'Aubervilliers, les voûtes ont 8^m,50 de portée et 0^m,35 d'épaisseur à la clef ; elles sont faites avec les mélanges indiqués ci-dessus pour les voûtes.

Toutes les machines à scier le bois sont fixées et scellées dans les voûtes sans que, depuis l'origine, aucun dérangement se soit produit.

Mais l'une des applications ayant le plus d'intérêt est celle de la construction des sous-sols de maisons. Ainsi par les moyens ordinaires on fait généralement entrer dans la construction des sous-sols une certaine quantité de pierres de taille formant piles, dont les intervalles sont remplis par de la maçonnerie de moellons. L'absence d'homogénéité entre ces deux maçonneries, la multiplicité des joints, font que l'on a souvent de nombreux tassements à signaler ; de là des lézardes dans les bâtiments. Ces accidents n'existent pas avec l'emploi du béton aggloméré.

La totalité des murs plus durs dans leur ensemble que la pierre employée en fondation ne forme qu'un seul bloc homogène dont la masse entière est partout également résistante, de telle sorte que le poids de la construction se répartit très-également sur la totalité des fondations. De là, une supériorité évidente du procédé Coignet, sur les procédés ordinaires.

Avec le béton aggloméré, on ne redoute point les difficultés de l'appareillage. — Ainsi, rue Miromesnil, 98, dans la maison entièrement construite en béton, il existe deux escaliers, l'un, en pierres moulées, assemblées et appareillées à l'anglaise ; l'autre, monolithe, monté comme une voûte hélicoïdale jetée d'un étage à l'autre : les marches sont formées par une plaquette en pierres moulées, rapportée après coup.

Le mur de soutènement de l'avenue de l'Empereur, près le pont de l'Alma, est un spécimen grandiose de l'emploi des bétons agglomérés, pour les murs de soutènement. Les fosses d'aisances à parois réduites, les toitures en terrasse, les dallages, forment encore une application très-heureuse.

Comme pierres moulées, le champ est encore plus vaste ; ainsi, à côté des mangeoires, des auges, des marches d'escaliers, des chambranles de fenêtres, en un mot, des pierres de bâtiments de toutes sortes, nous voyons des statues qui prouvent jusqu'à quel point est arrivée la perfection du moulage de cette matière.

Nous avons pu voir à l'Exposition, les échantillons des principales applications des bétons ; ainsi, le pavillon exposé représentait pour l'industrie du bâtiment : le monolithisme assemblé avec la pierre moulée, formant les chambranles de fenêtres, les frises et les angles vermiculés. Les dalles, les auges, les mangeoires, les bancs de jardin, les statues, etc., représentaient les principaux modèles des pierres moulées.

La résistance à l'écrasement est en moyenne de 400 kilogr. par centimètre carré, et la résistance à la traction de 30 à 40 kilogr. par centimètre carré. Ces chiffres expliquent les nombreuses applications du béton Coignet (1).

Fabrication des carreaux à base de chaux ou de ciment comprimé.

Presque tous les fabricants de chaux et de ciment fabriquent de petits carreaux de 0^m,02 à 0^m,03 d'épaisseur, soit hexagonaux, soit carrés, de 0^m,12 à 0^m,20 de largeur.

Ces produits sont généralement obtenus, en mélangeant deux parties de chaux ou de ciment en poudre, avec une partie de sable fin. Le mélange, très-légèrement humecté, est ensuite comprimé vigoureusement, soit au moyen de la presse hydraulique, soit au moyen de presses à bras. Le carreau comprimé est alors sorti du moule, puis déposé sur une claie, où on le laisse durcir pendant le temps voulu.

En introduisant des oxydes colorés dans le mélange, on obtient des teintes diverses. En changeant l'empreinte du moule et en faisant des réserves que l'on remplit ultérieurement de mélanges colorés, on forme les dessins les plus variés.

Parmi les produits exposés par la France, nous remarquons ceux de MM. *Damon*, *Rousset*, *Larmand*, *Bourgeois* et *Carville*, lesquels, variant comme forme, ont

(1) Voir sur les bétons agglomérés du système Coignet, un travail très-complet publié dans les *Annales du Génie civil*, 4e année, page 291.

tous pour base le ciment comprimé. Seuls, ceux de M. Jolijon, sont à base de chaux sans mélange de ciment. Parmi les produits étrangers similaires, nous citerons ceux de MM. *Duquesne* et *Pichot* en Belgique, et *Garela* en Espagne.

Produits à base de ciment moulés et plus ou moins comprimés.

Généralement, ces objets sont obtenus en coulant dans un moule un mortier ou béton maigre, légèrement pilonné. L'aspect extérieur est ensuite donné ultérieurement par une couche de ciment pur, gâché clair et appliqué au pinceau ou à la truelle. Quelquefois le ciment est appliqué au fond du moule et le mélange maigre est coulé et pilonné par-dessus.

Mais si, au moyen du moulage, on obtient toutes les formes voulues, l'excès d'eau, mis généralement pour faciliter le travail, est nuisible ; et en effet, une grande partie des objets exposés présentent des traces de fendillement et de retraits dus à cet excès d'eau.

Les produits les plus remarquables de cette division sont ceux de M. *Vicat*, de Grenoble. Il expose un béton, dit béton économique, composé de 8 à 9 parties de sable contre une de ciment ; ce béton est très-remarquable par sa dureté. C'est un béton évidemment analogue, mais plus riche, qui paraît former l'intérieur de ses pierres moulées, colonnes, tables, etc. — Des dalles ou des dessus de table dressés et usés à la meule ou à la molette, rebouchés au ciment et polis, forment de très-belles mosaïques.

Nous citerons encore, M. *Grosset* pour ses briques en béton de ciment, et M. *Faucon*, de Nevers, pour ses dalles et tuyaux également en ciment. Mentionnons, en Belgique, un autel en ciment de M. *Favier*, et une porte en béton de ciment de M. *Clautra*.

Les produits de M. *Jurss*, dans la section prussienne, sont ceux qui offrent le plus d'intérêt ; parmi eux, nous avons remarqué une table de jardin et les bancs qui l'entourent ; la forme en est originale, la dureté du composé ne laisse rien à désirer ; cependant, le ton de l'ensemble est un peu grisâtre, et la surface unie de la table présente de petites traces de fendillement. Tous les autres exposants prussiens font des objets moulés, pour montrer la bonne qualité de leur ciment ; et, de fait, c'est chez eux que l'on en rencontre l'exposition la plus nombreuse et la plus complète. Tous font des ciments lourds, façon Portland anglais, à prise lente, tandis que l'Angleterre, qui est la mère de cette industrie, n'a presque rien exposé.

Dans cet ordre d'idées, le ciment allemand le plus remarquable est celui de M. *Lothary*, de Mayence, qui est, sinon supérieur, du moins égal au meilleur portland anglais et français.

Quelques Autrichiens, presque tous aussi fabricants de ciment, exposent leur produit et ses applica i ns. — La fenêtre ogivale, de très-grande dimension, de M. *Saulich*, du Tyrol, est magnifique comme résultat, comme aspect et comme dureté.

Dans la section américaine, nous ne rencontrons qu'un exposant ; son béton de ciment ne présente rien de particulier.

Procédé Ransome.

Les pierres exposées par M. Ransome consistent en sable aggloméré par un ciment de silicate de chaux produit dans un moule par un procédé chimique. Ces pierres, sans retrait, dit-on, sont dures et de belle couleur variant à volonté, depuis le blanc le plus pur. Elles sont faites dans des moules sans pilonnage, l'action chimique étant la seule force qui effectue l'agglomération.

M. Ransome base son procédé sur ce qu'ayant reconnu que les meilleurs grès étaient cimentés par du silicate de chaux, il chercha à obtenir cette substance indirectement des flints (sables siliceux particuliers à l'Angleterre) qu'on y trouve en abondance.

Pour cela, il les met en contact avec de la soude caustique, sous une pression de 4 atmosphères, et il forme ainsi un silicate de soude.

Il mélange ensuite du sable bien séché et du carbonate de chaux réduit en poudre ; il y incorpore ce silicate de soude par un mélange énergique, et il obtient ainsi une pâte qui doit avoir assez de consistance, pour conserver la forme que lui donne le moulage. L'objet moulé est alors immergé dans du chlorure de calcium en dissolution, et porté, au bout d'un certain temps, dans un four fortement chauffé, pour enlever l'excès d'eau et terminer l'agglomération. Il se forme par double réaction du silicate de chaux insoluble, qui remplit les pores de l'objet, et le chlorure de sodium est enlevé par des lavages postérieurs.

Les premiers essais de M. Ransome ont eu pour but de remplacer les meules de La Ferté-sous-Jouarre ; à cet effet il réduisait en poudre la pierre meulière ordinaire qu'il agglomérait comme les flints par le silicate de soude. Le procédé s'est ensuite étendu avec beaucoup de succès à la fabrication des pierres ornées de construction, et leur emploi est très-répandu en Angleterre.

Les produits principaux exposés par M. Ransome consistent en une fenêtre gothique et une balustrade; ils sont très-beaux comme couleur et comme grain, les angles sont parfaitement conservés, les arêtes très-vives.

III. — UTILISATION DES DIVERS RÉSIDUS.

LAITIERS DES HAUTS FOURNEAUX. — On recueille et on traite d'une manière spéciale, les laitiers de hauts fourneaux. On doit couler des blocs d'une forme quelconque, que l'on retaille après coup.

La Société des mines de Vézin expose un fragment de colonne remarquable par sa dureté, et qui porte les traces de la taille. L'aspect de ce porphyre artificiel est grisâtre. Les briques de laitiers exposées par M. Dalifal (France) doivent être obtenues de la même façon.

DÉBRIS D'ARDOISES. — D'après les renseignements que j'ai pu recueillir, les produits exposés par M. Sébille (France) sont une agglomération de déchets d'ardoises et de brai. Il obtient ainsi des carreaux qui servent à faire des dallages de trottoirs. Leur dureté est satisfaisante, et il existe à Nantes des applications de ce procédé (1).

Ornements en plâtre.

Le plâtre très-blanc et très-pur cuit dans des fours de boulangers, ou dans des fours à réverbère, est la base principale de ces produits. Il est inutile d'entrer dans les détails de la fabrication des statuettes et ornements, que l'on fait en très-grande quantité. C'est simplement ce plâtre fin gâché, clair et coulé dans un moule. Le point essentiel est le moulage. Les moules sont généralement en plâtre gâché plus ferme, façonnés de telle sorte que le démoulage soit facile. Pour empêcher la matière coulée d'adhérer au moule, on revêt celui-ci, quand il est parfaitement sec, d'une ou plusieurs couches d'huile de lin.

(1) Ce n'est pas seulement à Nantes qu'il existe des applications du procédé de M. Sébille. L'ardoise comprimée avait été employée sur une assez vaste échelle, comme dallage, pour le revêtement du sol d'une partie du palais de l'Exposition. Il y régnait sur une surface de 1707m,40.
E. L.

Plusieurs exposants présentent des objets remarquables au point de vue de la délicatesse et de l'exactitude du moulage. Les produits italiens sont surtout à signaler pour la pureté de leurs formes.

Stucs.

Généralement le stuc est du plâtre fin et de très-belle qualité, dit plâtre de mouleur, gâché et durci avec de la colle forte, et quelquefois mélangé avec de la poussière de marbre. Il est appliqué à la truelle. On le polit avec des grès pilés et une molette de pierre. Les cavités sont rebouchées avec du stuc liquide; on passe la pierre ponce, on rebouche et on reponce jusqu'à ce que la surface soit parfaitement unie. Puis on finit par la pierre de touche, et le brillant se donne en frottant la surface avec des chiffons enduits de cire.

Les stucs italiens, supérieurs à tous les autres stucs, s'obtiennent par des chaux grasses fusées en pâte, gâchées et mélangées avec des poussières de marbre. Ils sont appliqués à la truelle et lissés jusqu'à siccité.

On imite les différents marbres avec le stuc de plâtre; les veines s'obtiennent par le mélange des différentes pâtes colorées, et les brèches en mettant dans la pâte des fragments de stucs colorés.

Les colorations sont obtenues par des couleurs minérales gâchées avec le plâtre et la colle.

Pour les granits, les porphyres, on pique le stuc et on remplit les traces avec une pâte ayant la couleur du cristal à imiter.

Dans ces dernières années on a fait des stucs avec des plâtres alunés. Le plâtre aluné, d'après le procédé de M. Savoye, est obtenu en calcinant dans un four à réverbère, le gypse choisi et trempé à sa sortie du four dans une eau contenant 10 p. 0/0 d'alun; après deux à trois heures d'imbibition, on recuit le plâtre au rouge vif, on le pulvérise et on le tamise par les moyens ordinaires.

Ce plâtre aluné est connu dans le commerce sous les noms de ciment blanc, ciment anglais ou ciment Chartier.

On fait encore du plâtre aluné en mêlant à du plâtre en poudre de la poussière d'alun; ce moyen est moins bon que celui décrit précédemment.

Le plâtre aluné supporte un mélange de deux parties de sable; il s'évente moins et prend plus lentement. Pour le travailler comme stuc, il faut le gâcher dans de l'eau tiède et l'appliquer en ravallement. Une fois cette première couche bien sèche, on la peint de plusieurs couches claires et lorsque l'ensemble est suffisamment sec, on finit et on polit par les moyens ordinaires.

Parmi les exposants de cette catégorie, la maison Lippmann et Schneckenburger tient un des premiers rangs par ses marbres factices, parfaitement réussis. Ses objets d'ornements de toutes sortes sont obtenus par un procédé spécial appelé similimarbre qui est composé de :

Une partie de ciment blanc spécial avec addition de chaux grasse (ce ciment blanc est probablement un plâtre aluné);

Une partie d'argile pétrie;

Une partie de chanvre haché;

Et trois parties de poudre de marbre ou d'albâtre.

Ce mélange est gâché en pâte ferme, puis repoussé et tamponné dans les moules. C'est évidemment à cette dernière opération qu'est due la dureté de ces produits.

Les autres exposants de cette catégorie, et ils sont fort peu nombreux, ont tous des imitations de marbre plus ou moins bien réussies, mais aucun ne nous offre des procédés nouveaux à signaler.

BÉTONS AGGLOMÉRÉS.

La méfiance et l'incrédulité sont les compagnes habituelles de tout procédé nouveau, dont l'étrangeté audacieuse s'annonce par des résultats que n'ont jamais fait soupçonner ceux obtenus avec les procédés ordinaires. Les bétons agglomérés de M. F. Coignet ont subi cette loi fatale des applications nouvelles. Après dix ans de lutte, d'efforts incessants, après des milliers d'expériences, après avoir été obligé de tout faire, de tout créer, théorie et pratique, procédés et machines, l'inventeur est arrivé à l'emploi complétement régulier et pratique de l'un des plus puissants moyens de constructions civiles et militaires. Dans cet ordre de faits, les appréciations prématurées ne peuvent avoir une valeur réelle, les résultats eux-mêmes n'accusent la vérité que bien longtemps après la cessation du travail qui les a amenés; lorsque l'évidence ne laisse plus de marge aux probabilités, pour amoindrir le succès, il reste encore à vaincre les résistances passives de l'habitude et de la routine.

Les bétons agglomérés de M. Coignet sont de la plus haute importance pour l'art de bâtir; les résultats incontestables qu'ils ont fournis nous donnent le droit, nous dirons même qu'ils nous imposent le devoir de rappeler à nos lecteurs cette invention déjà vieille comme point de départ, mais dont les immenses services s'affirment de plus en plus dans l'exécution des grands travaux de construction. Parmi les faits accomplis nous citerons les suivants :

Une maison d'habitation, ayant 300 mètres superficiels et trois étages, un mur de soubassement immense, supportant une pression de sept mètres de terre.

A la station de Suresnes et de Saint-Denis, des maisons entières en bétons agglomérés, caves, murs, escaliers, dont les planchers et les toitures en forme de dôme sont également en bétons agglomérés.

Des toitures, des terrasses immenses, ayant jusqu'à 300 mètres superficiels, dont l'une entre autres couvre, sans autre appui que les murs du pourtour une salle qui a 22 mètres de longueur sur 7 mètres de largeur, et ces terrasses depuis sept ans servent d'ateliers en plein air et bravent les intempéries.

A la manufacture des tabacs, à Châteauroux ; pour la capsulerie de la guerre, des massifs monolithes pour fixer les machines à vapeur, à Oissel notamment, un massif pour une machine de 400 chevaux.

A l'École des ponts et chaussées, dans sa succursale du quai de Billy, un arc de pont ayant 15ᵐ de portée, et au dixième de flèche, ainsi qu'un réservoir dont l'épaisseur qui n'est que de 37 centimètres à la paroi, supporte une charge d'eau de 5 mètres.

A Saint-Jean-de-Luz, des blocs qui, immergés depuis quatre ans, loin de donner la moindre trace de détérioration, ont acquis l'aspect et la dureté du roc le plus dur et le plus compact.

Pour compléter les indications premières sur l'invention de M. Coignet, autant que nous le permet notre cadre nous laisserons l'inventeur expliquer lui-même les opérations qu'il faut faire subir aux matières premières pour fabriquer le béton aggloméré.

Pouvant s'exercer sur tous les matériaux, le procédé que nous préconisons, et au moyen duquel on peut obtenir toutes les duretés de pierre, embrasse évidemment l'art de bâtir dans toute son étendue.

S'appliquant à tous les matériaux, il permet, en commençant au plus bas degré de l'échelle, de substituer au sable la terre argileuse commune que l'on trouve partout, laquelle, jouant le rôle du sable et étant mélangée intimement avec la chaux et ensuite bien triturée et bien agglomérée, donne un pisé hydraulique qui, en peu de semaines, acquiert à l'air la dureté de la pierre, l'imperméabilité et une résistance complète, soit à l'action des eaux pluviales, soit aux gelées.

Avec huit hectolitres de terre argileuse commune et un hectolitre de chaux en pâte, l'on obtient un excellent pisé hydraulique, fort peu coûteux, qui remplacerait bien avantageusement le pisé de terre ordinaire, dont l'usage est encore malheureusement si généralement répandu.

Mais avec un mélange de

Sable. 9
Terre cuite pilée. . ' 1
Chaux en pâte. 1

on obtiendra d'excellente maçonnerie pour murs de clôture, bâtiments agricoles, manufactures, murs de soutènement, grosse maçonnerie courante.

Avec sable. 7
Terre cuite. 1
Chaux en pâte. 1

on obtiendra d'excellente maçonnerie hydraulique, dense, dure, imperméable, pouvant servir à la construction des murs en élévation, des habitations, des travaux hydrauliques, des citernes, réservoirs, digues, barrages, pour tous travaux, en un mot, qui, tout en réclamant de grandes résistances et une grande dureté ne les exigeraient pas à très-bref délai.

Si, à la dernière dose que nous venons d'indiquer, on ajoute un trente-sixième de ciment, l'on obtiendra une maçonnerie dont la bonté finale ne sera pas beaucoup meilleure, mais dont la prise sera déjà considérablement activée.

Si on ajoute un quinzième, la prise sera énergique, intense, assez grande pour que cette maçonnerie soit parfaitement résistante à la mer, aux plus violents courants d'eau assez dure pour que par ce moyen l'on puisse faire d'excellents trottoirs.

Avec un dixième de ciment, si l'on a employé de bons matériaux, on obtiendra le maximum possible d'intensité de prise, prise si puissante, si énergique que par ce moyen l'on pourra faire des chaussées, tandis que, par les procédés ordinaires, avec

Sable. 7
Terre cuite. 1
Chaux en pâte. . . 1
Ciment. 1

on n'obtiendrait que des mortiers qui, loin de pouvoir résister au roulement des voitures, loin d'être imperméables, loin de braver les gelées, seraient légers, friables, absorbants, gélifs, et incapables de subir aucune atteinte.

L'introduction des ciments de Portland, de Boulogne, de Vassy, de Grenoble ou autres quelconques, pourvu qu'ils soient de bonne qualité, donne des résultats inouïs, inconnus jusqu'à ce jour.

Les ciments agissent de deux manières : comme absorbants énergiques, jouant ainsi, à ce point de vue, le même rôle que les pouzzolanes ; et comme chaux surhydraulique, donnant au béton un liant, une plasticité que ne leur donne pas la pouzzolane, et d'où résultent une agglomération plus facile et une cristallisation plus énergique, en même temps que la prise même de ce ciment vient s'ajouter à la prise de la chaux de manière à en décupler, à en centupler, peut-être, en certains cas la rapidité et l'intensité.

L'emploi des ciments est d'autant plus remarquable et important, que les quantités à introduire sont beaucoup moins considérables que par les procédés ordinaires, réduction qui provient des mêmes causes qui nous ont permis d'abaisser des deux tiers la quantité de chaux employée. En conséquence, au lieu d'employer un volume de ciment égal à celui du sable, ou égal à la moitié de ce volume, comme il est d'usage par les procédés ordinaires, nous n'introduisons dans le béton qu'un quarantième, un trentième, un vingtième de son volume de ciment, et pourtant, malgré ces faibles quantités, on obtient des prises rapides et intenses, et quelques jours suffisent pour donner la dureté de la pierre la plus résistante aux intempéries.

Si nous portons l'introduction du ciment au dixième du volume du béton, nous obtenons à bref délai la dureté du granit, et nous pouvons aborder le problème du bétonnage des chaussées.

La puissance de prise qui résulte de l'introduction d'une si faible quantité de ciment, s'explique par des causes tout à fait analogues à celles d'où provient la bonté des bétons agglomérés à base de chaux seule.

En effet, si dans un béton à base de chaux obtenu à l'état de fermeté la plus convenable pour être aggloméré, état qui donne à la chaux une intensité et une énergie de prise dont les procédés ordinaires n'approchent pas, on ajoute un excédant de ciment, c'est-à-dire de chaux surhydraulique, ce ciment, délayé, trituré par un broyage énergique, ne se trouvant pas en contact avec un excès d'eau, au lieu de former comme d'usage, une bouillie claire, presque liquide, se trouvera dans un grand état de fermeté : ses molécules, rapprochées par l'élimination de l'eau, par une trituration parfaite, par une agglomération énergique, se cristalliseront, comme la chaux avec une prodigieuse énergie : seulement, la force de cristallisation, de prise propre au ciment, venant s'ajouter à celle déjà si considérable de la chaux, donnera une prise totale dont la rapidité et l'intensité seront, nous le répétons, cent fois plus grandes en certains cas que celles des meilleurs bétons de chaux préparés suivant les procédés ordinaires.

Avant d'être parvenu à bien connaître le véritable rôle des matières pouzzolaniques et le mode le plus convenable d'extinction de la chaux en poudre ; avant d'avoir trouvé le moyen le plus simple d'employer les ciments à la dose stricte, il nous a fallu des années d'expériences ; mais, ce qui nous a donné le plus de peine, de travail et de déception, a été de trouver les appareils les plus convenables pour opérer la trituration de matières presque sèches, et par conséquent résistantes, et surtout le mode de trituration qui nous permît, sans addition d'eau, d'obtenir des bétons dans un état de parfaite homogénéité de la pâte, tout en conservant une plasticité et une fermeté suffisantes.

Pendant huit ans nous avons lutté contre cette difficulté, et nous ne l'avons enfin vaincue que dans ces derniers temps, et grâce au concours de M. Franchot ingénieur civil, si connu par ses travaux, et qui a bien voulu nous aider de sa collaboration.

Au début nous avons employé le broyeur Schlosser, lequel a été suffisant tant que nous avons employé la cendre de houille et que nous n'avons bâti que des maçonneries grossières ; par ce broyeur et avec la force d'un cheval, nous avons obtenu cinq ou six mètres cubes par jour d'un béton passablement mélangé. Mais aussitôt que nous avons employé le sable beaucoup plus fin que la cendre, et que nous avons cherché à réduire les quantités d'eau, la perfection du broyage est devenue beaucoup plus difficile, et les quantités obtenues ont été considérablement réduites.

Avec le sable nous étions toujours entre deux écueils : si nous maintenions une humidité assez grande pour permettre un mélange et un broyage faciles, nous obtenions un béton trop mou, difficile à agglomérer, et par conséquent une maçonnerie de qualité médiocre ; si, au contraire, nous réduisions l'eau de manière à obtenir le béton au degré de fermeté le plus convenable pour l'agglomération, les matériaux trop secs exigeaient une force excessive pour obtenir peu de résultats, et le plus souvent le mélange se faisait mal, et l'on n'obtenait, au lieu d'un béton homogène en pâte plastique, qu'une poudre presque sèche, non agglomérable.

Avec ce béton de sable, quand il se trouvait de fermeté convenable, un fort cheval tirant 100 kilogrammes ne nous donnait, avec le broyeur Schlosser, que deux ou trois mètres cubes par jour de béton mal trituré, et avec une locomobile de douze chevaux, nous en obtenions à peine huit ou dix mètres cubes.

Cela provenait de ce que les organes intérieurs de ce broyeur étaient mal disposés pour ce rude travail, et qu'il n'avait que deux issues à la partie inférieure, de telle sorte que le béton se comprimait entre les parois pleines, formant un frein d'une puissance telle, que bien des fois nous avons brisé les machines.

Nous avons résolu le problème, en tant que force, en supprimant les parties pleines, et en établissant à la partie inférieure une issue continue, par laquelle le béton est constamment expulsé, au moyen de branches en forme cycloïdale.

Par ce moyen, le béton, ne trouvant plus de parties pleines, ne se comprime plus contre elles, il fuit toujours devant l'expulsion ; au moyen de cette amélioration, la dépense de force a été réduite dans une énorme proportion, tout en augmentant de beaucoup la production du béton.

Un broyeur Schlosser produisait à peine trois mètres cubes, avec un effort de traction permanente de 100 kilog., tandis qu'avec le broyeur à issue continue, en ne dépensant qu'une force de traction de 70 kil., c'est-à-dire la force d'un cheval de moyenne grandeur, on obtient, non plus trois mètres, mais douze ou quinze.

La même locomobile, qui ne produisait que huit ou dix mètres, en produit, tout en employant un tiers de moins de force, 80 ou 100 mètres.

Mais l'utilisation de la force n'étant qu'un des côtés du problème, il fallait encore obtenir l'homogénéité, la plasticité, tout en conservant la fermeté, et pendant longtemps tous les efforts ont échoué.

En effet, si l'on jetait pêle-mêle, dans le broyeur, de la chaux en pâte très-ferme, de la terre cuite ou du ciment, et toute la proportion du sable qu'on avait à employer; si ce sable n'avait que l'humidité nécessaire pour obtenir un béton ferme, la chaux, au lieu de lubrifier le sable, se pelotonnait, se roulait dans la poussière sèche de la terre cuite et du ciment, se logeait dans les interstices du sable, et, malgré un broyage énergique et même plusieurs fois répété, on n'obtenait encore que du béton en poudre non agglomérable.

Si on y ajoutait de l'eau pour l'obtenir à l'état plastique, il devenait trop mou.

Nous avons pris le parti d'opérer la trituration du béton en deux broyages :

Dans le premier nous introduisons toute la chaux, toute la terre cuite et une ou deux parties de sable seulement; dans ce premier broyage, la chaux, quoique très-ferme, étant en quantité considérable par rapport à la terre cuite et au sable, conserve sa plasticité et lubrifie complétement et facilement le sable.

Alors, dans un second broyage, nous mélangeons le mortier obtenu du premier broyage avec le reste du sable, mélange qui se fait de la manière la plus intime et la plus facile et qui donne un béton homogène et ferme quoique plastique.

Cette nécessité de deux broyage distincts nous a conduit à monter des appareils de deux broyeurs conjugués, mus par la même force ; nous en avons qui, avec un seul cheval, donnent un mètre cube, par heure, de béton aggloméré broyé deux fois.

Le procédé des bétons agglomérés a été fondé pratiquement le jour où, par le double broyage et par la meilleure utilisation de la force, nous avons obtenu dix mètres de maçonnerie par jour pour la force d'un cheval, faite avec des bétons très-fermes et parfaitement homogènes.

Reste l'agglomération.

Si l'on enlève le béton au sortir du broyeur, si on le porte dans le moule que l'on veut remplir, qu'on l'y étale par couches minces et successives, et que chaque couche de deux centimètres d'épaisseur à peine soit vigoureusement pilonnée, l'agglomération s'exerçant sur un béton ferme et plastique, le durcira le serrera, le tassera, le feutrera par le choc, tous les vides disparaîtront, l'on obtiendra une masse compacte, résistante, tellement dense, qu'elle deviendra sonore sous le choc du pilon.

Lorsque ce moule sera rempli de ce béton plastique, ferme et aggloméré, on le démontera immédiatement, pour le porter plus loin et le remplir de nouveau, et le bloc qui restera, quoique humide et même avant tout commencement de prise, sera assez ferme, assez résistant pour conserver sans aucune déviation, la forme qu'il aura reçue par le moule et pour supporter des poids assez considérables.

La bonté des bétons dépendant, ainsi que nous venons de le voir, presque en totalité de l'agglomération, tous les soins doivent tendre à la rendre de plus en plus facile et parfaite, et à éloigner toutes les causes qui pourraient lui nuire : or, nous avons déjà vu que, pour arriver à la perfection d'agglomération, il fallait éliminer tout excès d'eau, obtenir les bétons en pâte très-ferme et complétement homogène au moyen d'un double broyage et de machines perfectionnées ; dans le même but, il faut aussi proscrire l'introduction de cailloutis et de pierrailles dans les bétons agglomérés, quoique cette pratique soit généralement admise et professée pour les bétons ordinaires.

Dans les bétons ordinaires, trop mous, presque fluides, on introduit des cailloutis, des pierrailles dans le double but d'obtenir une économie, les cailloutis coûtant moins cher que le béton, dans lequel ils occupent de la place en augmentant le volume, et aussi de maigrir le béton, de diminuer sa tendance aux retraits, aux fissures, aux gerçures, et enfin de donner à la prise des points d'appui multipliés.

Dans la pratique ordinaire, l'introduction des cailloutis et pierrailles est donc favorable.

Mais elle serait complétement nuisible avec les bétons agglomérés ; en premier lieu et dans des cas nombreux, le cailloutis coûte aussi cher que la pâte d'un béton n'ayant qu'un dixième de son volume de chaux, et c'est le cas le plus fréquent pour les bétons agglomérés ; donc la présence de cailloutis ne donnerait pas d'économie ; en second lieu, ce qui est le plus important, le cailloutis, étant plus volumineux que les autres matières qui entrent dans le béton, recevrait seul le choc du pilou, tandis que la pâte se glissant dans les interstices des cailloutis, y échapperait presque complétement, de telle sorte que, par insuffisance d'agglomération, des bétons préparés par les procédés que nous préconisons, dans lesquels on introduirait des cailloutis, demeureraient spongieux, absorbants, gélifs, et laisseraient filtrer l'eau, s'ils étaient destinés à des travaux d'hydraulique.

La pâte des bétons à agglomérer doit être composée de menus matériaux de grosseur à peu près égale et régulière : tel est le sable de rivière, par exemple, que nous prenons pour type, de telle sorte qu'en versant le mélange dans le moule par couches d'un centimètre, le choc du pilon ne frappe qu'une pâte bien homogène, au lieu de frapper le sommet de quelques pierres s'il s'en trouvait.

En résumé, par les procédés que nous venons d'indiquer, en ayant le soin attentif d'éteindre la chaux avec une quantité d'eau moindre que celle ordinairement employée ; en introduisant dans le béton une quantité de matière pouzzolanique sèche et en poudre, proportionnelle à l'humidité du sable et à l'eau à éliminer, quand il ne s'agit que de maçonneries ordinaires ; ou bien en remplaçant tout ou partie de cette pouzzolane par du ciment, lorsqu'on veut obtenir une prise plus rapide et plus intense ;

En opérant en deux fois le mélange de ces matières diverses, par un double broyage parfait et énergique ;

En n'introduisant dans le béton que des matériaux de grosseur presque uniforme, des sables et non du gravier ni du cailloutis ;

En opérant sur un béton ainsi préparé et à l'état de pâte plastique, très-ferme et très-homogène, une vigoureuse agglomération produite par le choc d'un corps dur et pesant, s'exerçant sur des couches minces et successives de béton.

On obtiendra finalement, dans tous les cas, avec toutes les chaux, tous les sables, tous les ciments, toutes les pouzzolanes, des résultats de dureté et de prise qui dépasseront tout ce que l'on pourrait imaginer.

De ce qui précède, il résulte qu'au moyen d'un simple mélange de sables, de chaux, de pouzzolanes et de ciments quelconques, mais en se conformant aux conditions indiquées, on obtient une pâte de pierre capable de résister à toutes les causes de destruction et de recevoir par le moulage toutes les formes voulues.

Cette possibilité de faire de la pierre entraîne pour l'art de construire les conséquences les plus remarquables et les plus importantes.

En effet, selon qu'on moulera cette pâte de pierre dans des moules spéciaux, hors du lieu où elle devra être employée, par conséquent par un moulage antérieur à l'emploi, ou qu'on la moulera immédiatement, directement sur la maçonnerie même qu'il s'agit d'édifier, on créera deux branches bien distinctes d'emploi des bétons agglomérés.

Dans le premier cas, si dans des ateliers spéciaux on moule de menus blocs séparés, des pavés, des dalles, des marches d'escalier, des briques, des parpins, des cubes plus considérables, des pierres avec ou sans ornement, on aura, par ce moyen industriel, donné naissance à des pierres artificielles, ayant reçu par le moulage la forme que la taille donne aux pierres, et que, comme les pierres ordinaires, il faudra porter ensuite à pied d'œuvre, prêtes à être employées.

Ces pierres artificielles, susceptibles de recevoir un fini complet et les formes les plus élégantes au besoin, peuvent purement et simplement, mais avec une grande économie, être substituées à la pierre de taille, au moellon, à la brique.

La préparation des pierres artificielles moulées constitue l'une des deux grandes branches d'emploi des bétons agglomérés, et n'apporte d'autres changements aux procédés de bâtir actuellement en usage, sinon de substituer de la pierre artificielle moulée à de la pierre naturelle taillée.

Mais si, au contraire, on porte le béton à l'état de pâte ferme et plastique sur la maçonnerie même qu'il s'agit de bâtir, et qu'on le soumette à une vigoureuse agglomération exercée sur cette maçonnerie elle-même, par ce moyen on pourra construire à l'état monolithe les masses les plus gigantesques ; et, par la suppression de tous joints, tassements et retraits, on aura réalisé sur la maçonnerie ordinaire une économie, une solidité, une force de résistance dont ne peuvent approcher même les meilleures constructions de pierres de taille.

Ce mode de moulage et d'agglomération des bétons sur le mur même, constitue la seconde branche d'emploi, et de beaucoup la plus importante, sinon au point de vue des avantages industriels, au moins au point de vue de l'art et de l'importance des applications.

Cette importance est d'autant plus grande qu'elle n'a pas d'analogie dans les moyens actuels de construction.

Par les moyens ordinaires, en effet, même avec les pierres de taille les plus volumineuses, à plus forte raison avec le moellon et avec la brique, une maçonnerie est toujours pleine de joints de plâtre ou de mortier, lesquels s'écrasent en entraînant des tassements, se dissolvent au contact de l'air, se désagrégent aux intempéries, donnent passage aux infiltrations ; tandis qu'avec le béton aggloméré, moulé sur le mur même, on obtient une maçonnerie monolithe,

sans aucuns joints, sans fissures, sans retraits, par conséquents étanche, imperméable, insensible aux intempéries et sans tassements possibles.

M. Coignet a donné la plus grande extension à la méthode de préparation par
pilonnage, et il a trouvé que ce procédé avait une efficacité assez grande pour permettre l'emploi de matières de toutes qualités. On peut maintenant faire entrer
dans la composition des bétons le sable de carrière, la chaux ordinaire, et en ce
moment même, on fait dans la forêt de Fontainebleau, des bétons avec du sable
d'une très-grande finesse, presque impalpables.

Des essais faits par M. Michelot ont montré que la résistance à l'écrasement
variait depuis 100 jusqu'à 600 kilogrammes, suivant la nature et la qualité des
matériaux entrant dans la composition des bétons.

La résistance à l'usure par frottement a été, dans certains cas, reconnue comparable à celle du granit.

Près de Saint-Denis, dans la plaine de la Briche, on a dû construire un égoût
côtoyant un ancien égoût, qui occasionnait des éboulements à chaque instant, et
l'on a passé sans encombre sous les voies du chemin de fer du Nord, malgré
l'ébranlement produit par le passage de trains nombreux. La Seine est venue à
cinq reprises inonder les travaux sans altérer les maçonneries.

Au palais de l'Exposition, on a fait 400 mètres de grande voûte avec des ar-
ceaux de 3 mètres d'ouverture, présentant 14 centimètres d'épaisseur à la clé;
8 à 10,000 mètres de canalisation ont été exécutés dans le même palais et dans
un temps très-court. Le grand réservoir d'eau de 6,000 mètres cubes était également fait avec parois inclinées à 45°, revêtues de 10 centimètres de béton.

A la construction du mur du cimetière de Passy, on a employé du sable de carrière, et, pour la première fois, on a obtenu, à l'aide du béton, un aspect monu-
mental en faisant des moulures, pilastres, etc.

On trouve rue Miromesnil, 98, une maison ornementée, construite en béton, et
rue des Poissonniers, une cité ouvrière construite de la même façon. Les escaliers
ont été faits en béton, par la révolution d'une courbe par étage. Ils sont incom-
bustibles et forment une retraite assurée en cas d'incendie.

A moins cependant, ferons nous observer, qu'ils ne constituent des cheminées
dans lesquelles il soit tout à fait imposible de passer.

M. Coignet voudrait voir également son béton employé pour les toitures; la
terrasse, si appréciée en Italie, aurait un grand avantage dans les villes : on
pourrait y aller respirer, sans sortir de chez soi. Dans ce genre de travaux, il
s'est produit d'abord des fissures, mais elles ont pu être bouchées au moyen
d'un mélange de goudron de Norwège et de sable.

On a fait des voûtes de cave surbaissées au 1/10 et au 1/12.

Le travail le plus important, en ce moment en train, est l'aqueduc pour la
dérivation de la Vanne dans la forêt de Fontainebleau. Les décintrements des
voûtes se font tous les dix jours.

On a exécuté 18 kilomètres de souterrains dans le sable en construisant un
cylindre de 2 mètres de diamètre présentant une maçonnerie de 20 centimètres
d'épaisseur. Les décintrements se faisaient tous les trois jours.

Pour obtenir l'étanchéité, on étend sur la face nette, mais non lisse, du béton une couche mince d'une pâte, sorte de ciment à prise lente, sur laquelle on appuie avec une truelle souple.

Le béton ainsi exécuté n'est pas gélif.

M. Coignet établit, en principe, que la compression d'un bloc sur ses quatres faces ne suffit pas pour faire une pierre, car le milieu n'est pas solidifié. De récents accidents arrivés en Amérique en sont la preuve.

Il faut comprimer par couches successives, les statues et objets d'ornement de toutes sortes.

M. Coignet a obtenu des pavés, des dalles, des briques, etc., etc., et grâce à une machine automatique, ces briques se feront à bas prix. On obtient le maximum de dureté, avec 4 à 5 parties de sable, 1 partie de chaux en poudre; 1/2 partie de ciment.

Enfin, M. Coignet pense que son béton pourrait être appliqué à la confection de bordures de trottoirs et longrines pour voies de chemin de fer, les essais n'ont pas été tentés, et il ne nous semble pas qu'ils doivent réussir.

M. Coignet attribue à ses bétons une densité de 2,300 à 2,400 kilog. par mètre cube.

Le prix des dallages ressort de 5 à 6 fr. par mètre superficiel.

Dans les travaux de l'aqueduc de la Vanne, on a employé 4 parties de sable fin, 1 partie de chaux, et 1/3 partie de ciment; pour les pierres artificielles, il y a 4 parties de sable, 1 partie de chaux et 1/3 partie de ciment; dans les dalles, on met 1 partie de ciment au lieu de 1/2 partie dans le mélange ci-dessus.

Tous les mélanges doivent être faits avec très-peu d'eau.

NOTE II.

Composition des blocs employés dans la composition du nouveau port de Brest. Essai des ciments (1).

Le creusement du Port Napoléon, à Brest, et la fondation et l'établissement des quais nécessitent de grands travaux hydrauliques où le savoir et l'expérience des ingénieurs se trouvent en présence de quelques difficultés peu habituelles. C'est dans ce genre de travaux surtout qu'il faut attendre que la fin ait justifié de la valeur des moyens employés. L'on peut apprécier dès aujourd'hui la bonne réussite dans la composition des blocs factices de fondation. Ces blocs comprennent plusieurs catégories distinctes relativement à leur volume ; le dosage des matériaux dont ils sont formés est le même pour chacun d'eux.

Les plus volumineux sont placés sur le fond de fondation et les autres par dessus. Les plus petits ont un volume de 20 mètres cubes, les plus grands de 57^{m3},500, et les moyens de 37^{m3},500. Les dimensions de ces derniers sont moyennement les suivantes :

Base, 3^m sur 5^m ou 15^{m2} ; hauteur 15.

Les dimensions des autres blocs sont à peu près proportionnelles à leur poids comparé à celui des blocs moyens.

(1) *Annales du Génie civil*, année 1865.

Le dosage est dans ces proportions :

Moëllons.	$41^{m3},250$
Sable siliceux.	12 ,730
Ciment de Portland, anglais.	3 ,101
Ciment de l'île de Ré, employé pour le re- jointement.	0 ,082

Le poids est de 115 kil. le mètre cube, ce qui donne pour les grands blocs 6,612 kilogrammes ; 4,312 kil. pour les moyens et 3,300 kil. pour les petits.

L'occasion se présente de signaler ici, à nos lecteurs, quelques-uns des moyens en usage pour constater le degré d'activité hydraulique des ciments, tels que M. de la Fruston les a exposés dans une étude sur les *chaux et ciments,* insérée dans le *Journal des mines.*

On peut considérer le mortier comme *rassis* ou *ferme* lorsqu'il a pris un degré de durcissement tel que sa forme ne peut être altérée sans subir une fracture, en d'autres termes, quand il a complètement perdu sa plasticité. Le moment précis où cela a lieu étant plus ou moins difficile à constater en pratique, il serait important qu'il y eut un type de comparaison plus déterminé.

On se sert en général d'une pointe métallique, en fer ou en acier, chargée d'un certain poids. Le mortier est censé être ferme quand il supporte la pointe sans se déprimer.

Il y a des ciments qui mettent une vivacité remarquable à développer leur propriété hydraulique, et qui, immergés dans l'eau à 65 dégrés Fahrenheit, quittent leur état plastique au bout d'une ou de deux minutes, et qui ensuite sont lents à durcir. Ces ciments, abstraction faite de leur mérite sous d'autres rapports, sont donc admirablement appropriés pour les constructions sous eau ou pour des positions sujettes à une submersion immédiate. Il y a d'autres ciments qui, pour ne développer leur énergie hydraulique qu'avec une lenteur rela- tive, surpassent de beaucoup les premiers sous le rapport de la résistance à l'épreuve de la pointe de fil métallique, de la force et de la dureté finales. Ceux-ci doivent donc être préférés dans toutes les positions où un durcissement rapide n'est pas d'une grande importance. Les premiers se distinguent par leur activité hydraulique; les seconds, par leur puissance ou force hydraulique.

Afin de découvrir et de reconnaître ces qualités, qui sont plus ou moins obs- cures, l'ingénieur doit avoir au moins deux fils métalliques d'épreuve, qui doi- vent différer l'un de l'autre soit sous le rapport de la grandeur, soit sous celui du poids, ou sous les deux rapports. Le général Tatten, dans ses expériences exécutées au fort Adams pendant une série d'années antérieurement à 1830, se servait d'un fil métallique de 2 millimètres 7 dixièmes chargé d'un poids égal à 114 grammes, et d'un second fil de fer de 1 millimètre 85 centièmes d'un poids égal à 453 grammes.

Dans toutes les épreuves, on fait deux pains ou tablettes du mortier que l'on traite; on les forme en anneau de 32 millimètres de diamètre et de 16 millimè- tres de profondeur. Dès que ces gâteaux sont préparés, ce qui se fait en pres- sant le mortier dans un anneau au moyen d'une spatule, et en aplanissant la surface supérieure, l'un des gâteaux est immédiatement immergé dans une eau de température déterminée 36 dégrés (centigrades), et la longueur de temps qui est nécessaire pour qu'elle puisse supporter, d'une part, le fil métallique de 2 millimètres 7 dixièmes pesant 114 grammes, et, d'autre part, le fil métallique de 1 millimètre 85 centième pesant 453 grammes, est soigneusement observée sur une montre. L'autre gâteau, également porté à 36 degrés centigrades, est soumis au plein air jusqu'au moment où il supporte le fil métallique de 2 millimètres 7 dixièmes; on l'immerge ensuite dans l'eau et l'on s'assure du temps nécessaire pour qu'il puisse supporter le petit fil métallique et le grand poids.

L'épreuve de l'activité hydraulique au moyen du fil métallique appliqué à la pâte de ciment sans sable n'indique pas, même approximativement, la valeur relative des mortiers des mêmes ciments mêlés d'une pleine dose de sable; car il se peut très-bien qu'un ciment vif contienne dans 1/2 ou dans 3/4 de son volume un fond de matière inerte, et que par conséquent il soit capable de recevoir beaucoup de sable et de devenir en activité hydraulique supérieur à un autre, bien que ce dernier ne soit nullement altéré et que son aptitude à recevoir du sable soit restée entière.

Pour juger de la valeur des ciments en prenant pour point de départ la comparaison de leur activité hydraulique relative, il faudrait qu'ils fussent mêlés avec du sable jusqu'à deux et demi à trois fois leur volume. Avec cette précaution même, on obtient un résultat beaucoup moins plausible que par quelque simple artifice comme d'essayer la force du mortier arrivé à dix ou douze jours d'existence.

Comme preuve de la vérité de cette observation, il suffit de remarquer que, si une activité ou une énergie hydraulique éminente n'est pas nécessairement accompagnée d'une dureté et d'une force inférieures, et réciproquement, le ciment qui se pose lentement n'est pas non plus nécessairement doué d'une grande force.

Il y a plus, il résulte d'expériences faites avec le plus grand soin, qu'en général les ciments les plus vifs donnent les résultats les plus mauvais, tandis que les ciments les plus lents en fournissent les meilleurs.

Les effets des variations atmosphériques sur la vivacité hydraulique des mortiers provenant de chaux hydraulique, de ciment hydraulique, d'un mélange de chaux commune et de pouzzolane, ou produits par des moyens artificiels, sont très-marqués, à tel point que, dans toutes les épreuves comparées, il est important d'adopter un degré de température fixe et invariable, non-seulement pour l'eau dont le ciment est mêlé, et pour celle dans laquelle le ciment est immergé, mais aussi à cause des ingrédients secs et caustiques et à cause de l'atmosphère ambiante.

Pour établir la nécessité de ces précautions, nous citerons comme exemple deux sortes de ciments secs des Etats-Unis. Avec de l'eau de mélange à 50 degrés centigrades, l'un de ces ciments immergé en forme de pâte a supporté le fil métallique chargé de 114 grammes au bout de 1 minutes 1/2 ; l'autre ne l'a supporté qu'après 4 minutes. A la température abaissée à 36 degrés, le premier a eu besoin de 6 minutes, et le second de 17 minutes; à 20 degrés, les périodes s'élevèrent respectivement à 39 et à 82 minutes. C'est ainsi qu'à une dépression de température de 30 degrés (de 50 degrés à 20 degrés) correspondait une prolongation de période nécessaire à la pose ou à la fixation, laquelle prolongation était dans l'un des deux cas de 87 1/2 minutes, et, dans l'autre, de 1 heure 18 minutes.

De là il suit que tous les ciments ne sont pas à beaucoup près également sensibles à une variation de température, et c'est ainsi qu'il peut arriver que des variétés données qui contiennent un excès de chaux caustique présentent un dégré supérieur d'activité hydraulique dû à la chaleur engendrée par la chaux amenée à l'état d'hydrate.

NOTE III (1).

M. Daguzan constate que pour la vaisselle commune plusieurs grandes maisons la fabriquent parfaitement et cependant à bon marché, il cite entre autres la fabrique de Montereau où les artistes s'inspirant du japonais et de leurs propres idées, ont coustellé ces assiettes d'un monde de volatiles et de fleurs de l'aspect le plus réjouissant. Ce disque de terre cuite, qui, dans sa nudité, représente un ciel gris de décembre, devient sous la main du décorateur une divertissante image. Le dessin est sommaire mais ferme et accentué. Ces fraîches assiettes sont presque de gais compagnons de table; et puis si, après le festin, il vous prenait une fantaisie royale, comme à André Doria, de jeter votre service à la mer, pas ne serait besoin des filets de Saint-Cloud pour repêcher les cadavres : je suis sûr que M. Rousseau vous en céderait beaucoup le lendemain.., pour 20 francs.

Cette fabrication est un type très-intéressant au point de vue de l'art industriel. Dans une grande fabrication dont les débouchés sont assurés, pour quoi ne pas augmenter les frais généraux, en se servant d'une collaboration habile, quand on est assuré d'une large compensation ? Je suis persuadé que les imageries de Limoges et d'Épinal, au lieu d'infester le monde de leurs sottises à un sou, auraient obtenu des résultats supérieurs par des moyens analogues à ceux de M. Rousseau. et que le goût public y aurait gagné d'apprendre à distinguer enfin le beau et le vrai du détestable et du faux. Espérons que nos grandes expositions amèneront dans un avenir prochain une tendance sérieuse vers ce but. Ces exhibitions populaires devraient, ce nous semble, faire disparaître peu à peu les inepties plastiques qui nous inondent, et dont la propagation devient un non sens. Pourquoi sommes-nous encore exposés à la représentation allégorique des quatre saisons sous les traits chromo-lithographiés d'Amélie, de Céline, d'Eugénie et d'Aline, qui nous sourient en vermillon chez tant de petits commerçants? Ces fournisseurs fréquentent pourtant le Louvre et les expositions, et j'en connais qui prendraient au vif une discussion sur Ingres et Delacroix. Certes, nous ne demandons pas que, rentré dans ses foyers, le soldat soit forcé de coller sa feuille de congé entre la Source d'Ingres et les prophètes de la Sixtine; mais il nous semble que l'influence du public instruit et intelligent pourrait s'exercer utilement auprès des industriels, et ramener peu à peu le goût général des œuvres raisonnables (2).

(1) Annales du Génie civil, 5e année.
(2) Nouvelle Technologie des arts et métiers. Tome 3.

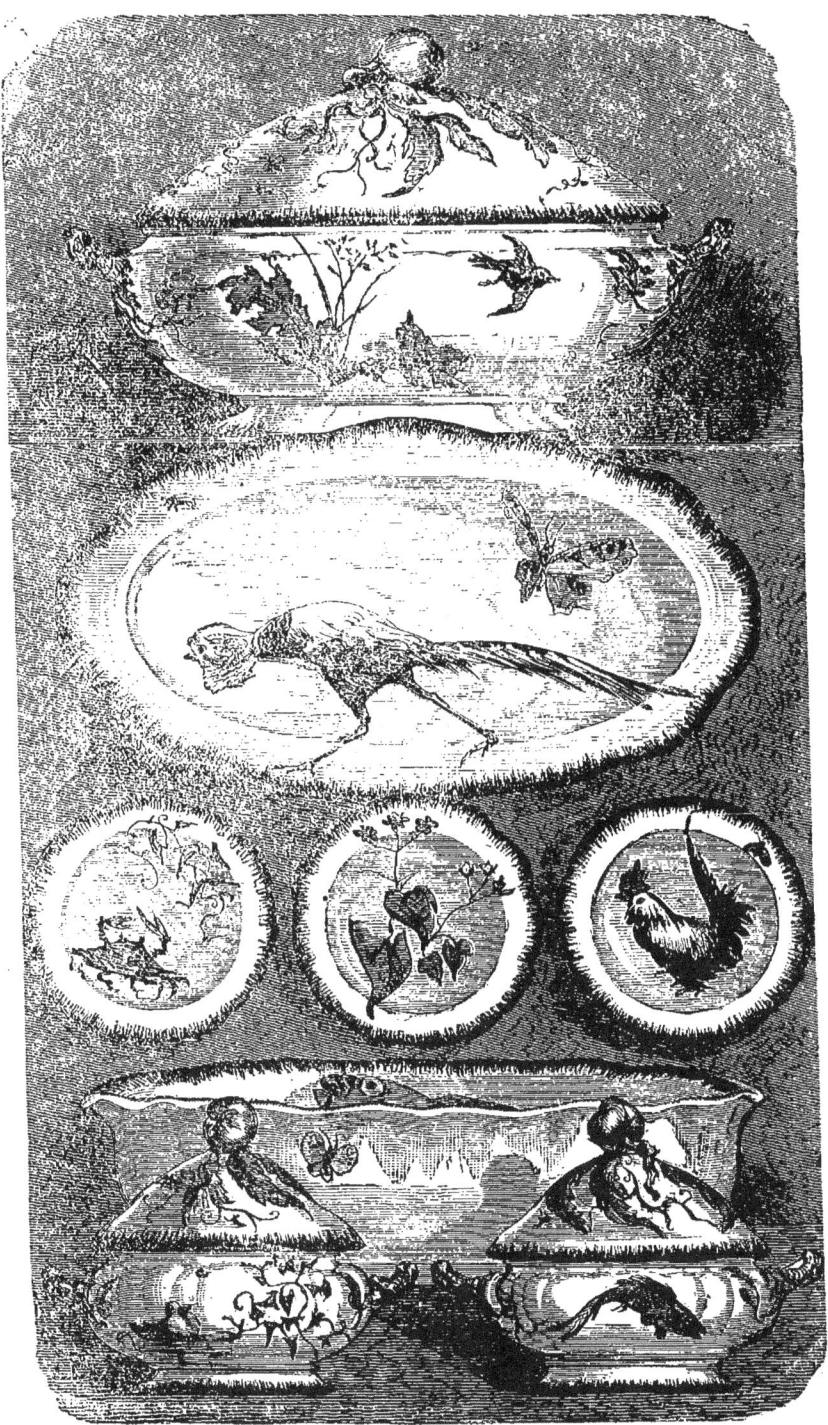

Imitation des anciennes porcelaines.

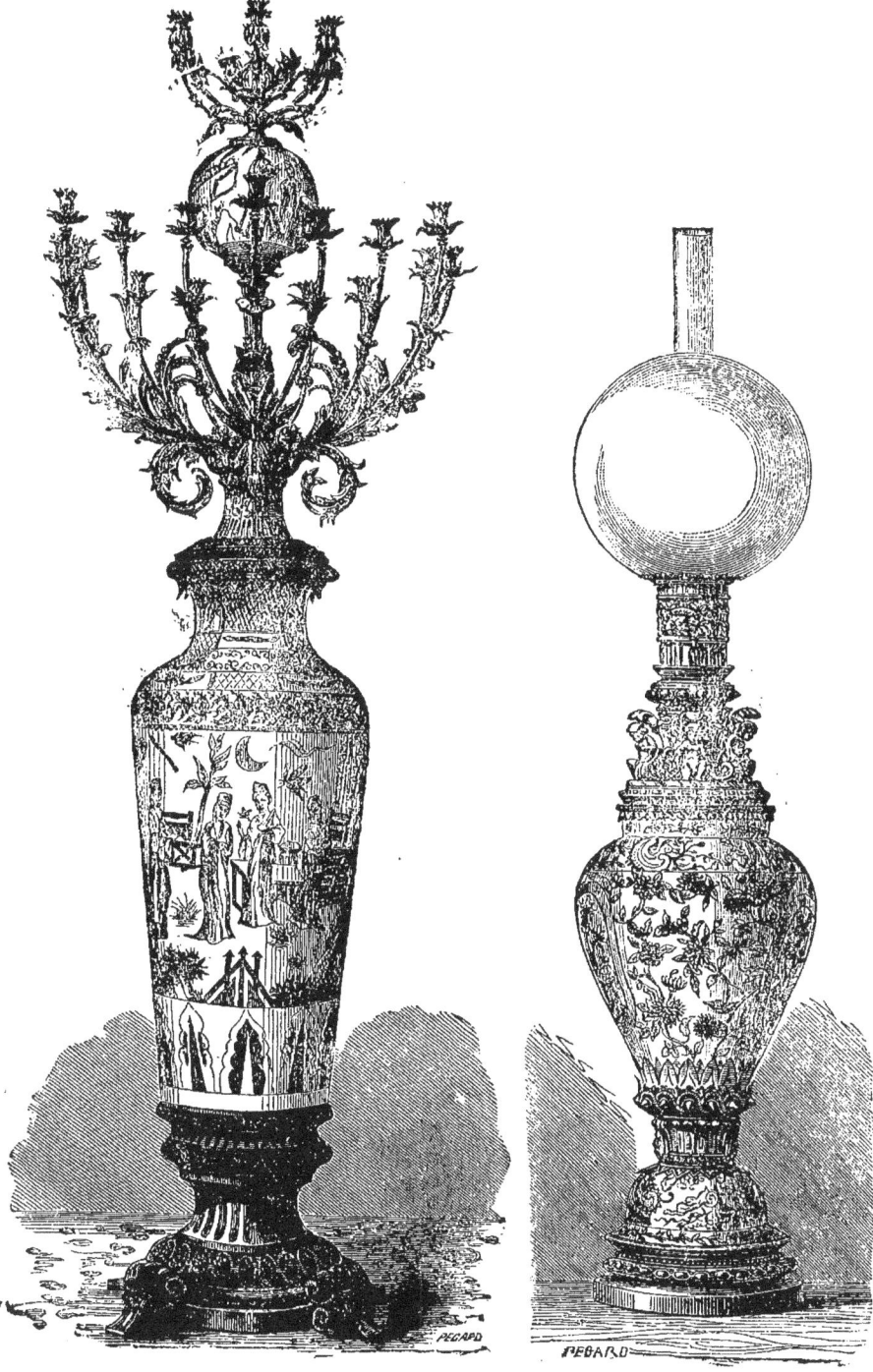

PRODUITS CÉRAMIQUES.

Par M. SALVETAT (1).

§ 1er. MATIÈRES PREMIÈRES.

Les matières les plus importantes, dit l'auteur, sont, parmi celles que le potier met en œuvre, les terres réfractaires et les kaolins. Celles dont la valeur vénale est la plus considérable sont les kaolins.

Kaolin. Nous sommes loin de l'époque où l'on cherchait à connaître la nature des terres qui devaient servir en Chine à fabriquer la porcelaine. Aujourd'hui les terres à porcelaine ne sont rien moins que rares : elles n'ont plus un usage spécial, et la fabrication de la porcelaine est peut-être celle qui assure aux kaolins les débouchés les plus restreints.

Les compositions très-simples qui conduisent aux porcelaines de Sèvres (kaolin, sable, quartz feldspathique et craie) ne sont nulle part employées qu'à Bayeux Les Limousius, n'ajoutant pas de craie, fabriquent une pâte qui comporte une plus forte proportion de matière fusible. De là, l'emploi général des kaolins caillouteux en nature. Mais comme ces matières sont essentiellement variables quant à leur rendement en argile, les fabricants de pâte, à Limoges, s'affranchissent des inconvénients qui pourraient résulter de la fusibilité plus ou moins grande des pâtes; ils font entrer simultanément dans leurs dosages les kaolins d'un grand nombre de carrières, pour, en définitive, ne composer les pâtes qu'avec une moyenne à peu près invariable. Néanmoins, il leur faut avoir l'oreille aux écoutes pour savoir corriger, en temps utile, par une introduction d'argile décantée, des pâtes trop fusibles, ou, inversement, par une addition de sable ou de kaolin caillouteux, des matières reconnues par le consommateur comme étant beaucoup trop réfractaires.

En Angleterre, le kaolin est débarrassé sur place des parties trop fusibles qu'il contient. On emploie maintenant les moyens mécaniques pour le décantage, et la chaleur artificielle pour le raffermissement et la dessication, — c'est ainsi qu'on procède à Lee-Moor, par exemple. — Néanmoins, sur beaucoup d'autres points le lavage se fait à la main.

Le kaolin s'exporte d'Angleterre annuellement par masses considérables; on évalue à

       83 000 tonnes celui qui s'exporte des Cornouailles
  et   5 000 tonnes celui qui vient du Devonshire.

La fabrication des papiers et les apprêts pour calicot en consomment de très-grandes quantités. La confection de la faïence fine en emploie des masses considérables; la porcelaine dure en absorbe beaucoup moins.

(1) Cette note est extraite du Rapport de l'Exposition de Londres, publié en 1861. Paris, E. Lacroix, 1 vol. 20 fr.

Les kaolins destinés à la fabrication du papier n'exigent pas le même degré de pureté que ceux qui sont destinés à la fabrication des poteries. L'absence du fer n'est pas aussi nécessaire; néanmoins, on sait aujourd'hui tirer parti de quelques variétés ferrugineuses. En France, par exemple, au moyen de compositions très-fusibles qu'on a fait pourrir, on peut employer, pour faire les porcelaines du commerce des kaolins qui contiendraient 1, 15 p. 100 d'oxyde de fer. Les belles qualités que recevait autrefois la Manufacture de Sèvres ne renfermaient pas au delà de 0, 15 p. 100 de cet oxyde. La pourriture a pour effet d'en éliminer une partie à l'état de sulfate de fer ; ce sel se forme aux dépens du sulfure de fer, qui prend naissance au contact de l'oxyde de fer et de l'hydrogène sulfuré; ce gaz se développe sous l'influence de l'acide carbonique de l'air et du sulfure de calcium engendré par la réaction du sulfate de chaux sur les matières organiques amenées par les eaux dont on se sert pour pétrir la pâte.

Argiles plastiques. Nous pouvons envier aux Anglais leurs argiles de terrain houiller, mais nous avons aussi nos richesses ; nous savons tout le soin avec lequel les Anglais recherchent chez eux des argiles de la nature de celles d'Abondant : le commerce connaît cette terre sous le nom d'argile de Dreux; ses prix augmentent sans cesse en raison de la demande qu'on en fait en Angleterre ; elle y est surtout estimée pour la confection des creusets à fondre l'acier. On la préfère de beaucoup aux argiles de Forges et de Montereau.

Les argiles de Poole et de Wareham, dans le Dorsetshire, offrent les plus grandes ressources aux potiers ; ils s'en servent pour établir leurs meilleurs produits ; ils cuisent la pâte plus fort et durcissent leur glaçure. On n'en consomme pas moins de 190,000 tonnes pour faire des briques, des tuyaux de drainage, des articles d'ornementation extérieure; on en embarque environ 56,000 tonnes par an, et les chemins de fer en enlèvent encore 5,000 tonnes pour la consommation intérieure.

Acide borique. L'acide borique ajoute aux glaçures brillant et dureté. L'introduction du borate naturel double de chaux et de soude a été, dans la fabrication des faïences, un élément de succès; et si sa substitution au borax ou à l'acide borique ne s'est pas répandue, il faut admettre que c'est sans doute parce que les essais qu'on en a faits n'ont pas été menés avec assez de persévérance. Nous ne doutons pas que les fabricants de poteries communes à glaçure colorée ne s'empressent d'en faire usage, aussitôt que l'emploi des glaçures exclusivement plombeuses sera prohibé.

§ 2. PRÉPARATION DES PÂTES.

La quantité considérable qu'on doit raffermir dans les grandes manufactures a fait chercher des méthodes expéditives et plus économiques que celles qu'on a connues jusqu'à ce jour. On est redevable à MM. Needham et Kite d'une modification intéressante de la presse à raffermir, inventée par un fabricant français, M. Honoré. Dans le système primitif, la pâte à l'état de barbotine est mise dans des sacs, et les sacs placés les uns à côté des autres, par lits séparés, au moyen de claies, reçoivent une pression considérable et graduée dans une presse à vis. Les sacs sont en toile.

En Angleterre, on a modifié les détails en conservant les principes. Comme aucun ouvrage français n'a donné jusqu'à ce jour l'indication de ce procédé, je crois qu'on en verra très-utilement ici la description sommaire.

Une série de 24 châssis compose un appareil; ces châssis renferment chacun une claie, de telle sorte, que les châssis étant en place laissent un vide dans lequel les sacs peuvent être maintenus. Les châssis chargés de leur sac sont placés verticalement.

Pour former les sacs, on pose les châssis à plat, en étendant à leur surface une double étoffe faite de calicot commun. Le coton vaut mieux que la toile ; son duvet beaucoup plus long attire à l'extérieur par capillarité l'humidité qui se trouve à l'intérieur.

On rabat longitudinalement aux bandes du châssis le tissu sur lui-même, en double pli pour former le sac; il se trouve alors fermé comme un sac de papier.

L'intérieur du sac ainsi préparé communique avec un tube métallique fixé à demeure sur la toile et qui se loge dans une échancrure ; cette dernière forme un trou circulaire quand deux châssis consécutifs sont mis en place et juxtaposés. De petites encoches intérieures dans l'une des bandes du châssis portent des clous à l'aide desquels on ajuste les sacs pour qu'ils restent suspendus dans l'espace compris entre les claies, lorsque les châssis sont maintenus dans leur position verticale.

Après avoir placé de la sorte, et les uns à côté des autres, les 24 châssis qui composent l'appareil, on les serre avec des tirants terminés par des boulons et on ajuste sur chacun des tubes communiquant avec les sacs, un autre tube soudé sur un tuyau commun. La jointure est maintenue par une coiffe métallique percée d'un trou fileté qui monte ou descend suivant qu'on veut serrer ou desserrer la réunion. C'est par ces tubes que les sacs se remplissent; le tube principal communique avec une pompe qui puise la barbotine et la répand dans les sacs ; l'eau s'écoule par une série de trous placés sur la barre inférieure des châssis, et le vide qui se fait est de suite rempli par le travail de la pompe. Un massif de $0^m,61$ de hauteur sur $1^m,83$ de largeur et $2^m,75$ de longueur, desservi par deux ouvriers, permet de raffermir par pressée 1,000 kilogrammes de pâte. On peut faire trois pressées par jour. Dans les cas d'urgence, rien ne s'oppose à ce qu'on travaille la nuit pour doubler cette quantité.

On donne à l'étoffe une plus grande résistance en la trempant dans une dissolution faite d'une demi-once d'alun dans un galon d'eau pure; on diminue de la sorte les frais d'entretien.

§ 3. PROCÉDÉS DE FAÇONNAGE.

Façonnage des briques. Quoiqu'on ait beaucoup amélioré le façonnage mécanique des briques, on emploie encore le moulage à la main. Un ouvrier peut faire 1 000 briques.

La terre est pétrie par un malaxeur mécanique. En Angleterre la même exploitation tire généralement du même puits son charbon de terre et ses argiles. Rarement la terre a besoin d'être dégraissée : le laminage semble, au moins pour les briques communes, donner un façonnage économique.

La pâte, comprimée entre deux cylindres, s'échappe sous forme d'une nappe continue de l'épaisseur de la brique. Une disposition ingénieuse permet au fil qui débite les briques de suivre un plan vertical, bien qu'il soit animé d'un mouvement de translation. A cet effet, il est guidé par un mentonnet placé en tête de la planchette sur laquelle la brique se trouve déposée.

Il résulte d'expériences faites aux ateliers du chemin de fer de Toulouse à Tarbes, que trois hommes et cinq enfants, payés ensemble 11 fr., peuvent mouler en une journée de dix heures 12,780 briques, modèle de Bourgogne, soit 1,000 briques pour 0 fr. 86 c.; les briques sortant du laminoir sont d'une grande pureté de lignes et bien conditionnées. La terre employée par la machine peut avoir plus de consistance que celle qu'on emploie dans le moulage à la main, ce qui permet de les placer de suite sur champ et de moins encombrer les ateliers. La dessiccation est d'ailleurs plus rapide; la retraite que prend la brique est beaucoup plus faible.

Façonnage mécanique des tuyaux. Les machines à faire les tuyaux de drainage sont connues.

Lorsque les tuyaux ont un diamètre assez considérable, il faut les faire au moyen d'appareils placés verticalement. On connaît la disposition générale au moyen de laquelle on les façonne; sous ce rapport, je n'aurais rien à dire, si je n'avais vu dans deux ou trois ateliers des tuyaux à grand diamètre obtenus entièrement par la machine; le renflement supérieur se moule en même temps que le tuyau lui-même. On n'ignore pas qu'ordinairement ces emboîtements sont rapportés et faits après coup; cette pratique augmente notablement le prix de revient.

Pour bien comprendre comment l'appareil fonctionne, il suffit de décrire la partie inférieure du cylindre par lequel la pâte est façonnée (1). L'ouverture pratiquée dans le fond, obtenue par un noyau central, donne le plus grand diamètre du tuyau; le noyau central descend d'une certaine longueur pour faire l'emboîtement; il est entouré, pendant que le piston descend, d'un anneau circulaire qui s'ouvre en deux par un assemblage à charnière, à la fin de l'opération, quand la portion du tuyau qui présente la plus petite section se trouve complètement dégagée. Cette sorte de collier forme, quand il est fermé, la filière qui façonne le tuyau. Lorsqu'il est ouvert, l'orifice moule l'emboîtement par la même manœuvre. Quand le tuyau sort du cylindre à longueur, un fil le découpe en passant au-dessous du noyau lui-même, plus bas que le fond du cylindre. La manœuvre de l'appareil est, du reste, identique à celle des cylindres ordinaires. La charnière autour de laquelle tournent les deux parties de l'anneau est fixée solidement au fond du cylindre. La réunion des deux parties du collier est obtenue par une sorte de griffe, de crochet ou de verrou, capable de résister à la pression considérable exercée par le piston.

Moulage des briques en pâte ferme. La pâte pulvérisée et sèche est introduite dans une chambre remplie de vapeur; l'eau qu'elle peut condenser, suffit pour l'humecter partiellement et lui donner la plasticité nécessaire à la facilité du travail, sans que la pression devienne trop considérable. Les moules qu'on charge

(1) Voir la planche de la page 49.

de la pâte ainsi préparée sont placés sur une couronne qui tourne antour d'un axe vertical ; leur fond est pressé par dessous contre une plate-forme fixe et résistante. La pression est réglée par un plan incliné ; ce dernier force chaque refouloir à pénétrer de plus en plus dans la cavité qui forme le moule.

Façonnage des porcelaines par le procédé du coulage. Les procédés de coulage sont appliqués avec succès depuis plus de dix années au façonnage des pièces minces et des pièces de grand diamètre ; ils ont été perfectionnés par l'application du principe des pressions; l'air comprimé ou l'air raréfié interviennent suivant les cas, pour empêcher la déformation ; ils concourent à maintenir tantôt le contact à l'intérieur du moule, par une pression intérieure, tantôt l'adhérence indispensable pour un moulage parfait, par une diminution de pression à l'extérieur du moule ; on obtient, en même temps, le raffermissement au moyen d'une sorte de succion.

§ 4. PROCÉDÉS DE CUISSON.

La forme des fours dans lesquels on cuit en Angleterre les différentes poteries que le commerce fournit est trop connue pour que nous nous y arrêtions ici. Toutefois, je ferai remarquer que leurs tuyaux de drainage, les briques et les terres réfractaires sont quelquefois cuits dans des fours spéciaux dont la forme n'est plus celle des fours ordinaires usités dans le Staffordshire pour la cuisson des poteries.

Le four est toujours cylindrique, mais alors le profil se rapproche davantage des fours employés en France. Les foyers, au nombre de six, sont placés à la circonférence et débouchent dans des cheminées ou carnaux qui s'élèvent intérieurement jusqu'à la voûte du four ; les produits de la combustion lancés de la sorte dans la partie la plus élevée du four traversent en descendant les produits à cuire, ordinairement placés dans le four en échappade ou les uns sur les autres, sans encastage ; ils s'engagent ensuite dans une cheminée centrale et commune pour être rejetés dans l'atmosphère.

PROCÉDÉS DE DÉCORATION. — PROCÉDÉ BRIANCHON.

« Les fondants qui servent à glacer les oxydes et les sels métalliques sont les « sels de bismuth et de plomb ; les premiers sont préférables : ils supportent beau-« coup mieux et sans altération les hautes températures ; leur préparation comme « fondant est, du reste, exactement la même.

« On prend 10 parties de nitrate de bismuth cristallisé, en poudre, 30 parties de « résine d'arcauson ou de colophane, et 75 parties d'essence de lavande ou toute « autre essence ne fournissant pas de précipité dans le mélange. On procède ainsi :

« Dans une capsule qui repose sur un bain de sable chauffé graduellement, « on met les 30 parties de résine, et à mesure qu'elle fond, on verse petit à « petit les 10 parties de nitrate de bismuth, tout en remuant pour bien incorporer « les deux substances; dès qu'elles commencent à brunir on verse, au fur et à « mesure, 40 parties de l'essence de lavande, et on continue d'agiter le tout afin « de produire le mélange intime et la dissolution des substances, après quoi la « capsule est retirée de son bain de sable et refroidie graduellement; c'est alors « qu'on ajoute les 35 parties restantes de l'essence de lavande, puis on laisse « refroidir quelques heures, autrement l'emploi en serait difficile et inégal.

« Les sels ou oxydes métalliques qui concourent à la formation des colorants,
« sont ceux que la chimie inorganique a fait connaître, tels que les sels de platine,
« d'argent, de palladium, de rhodium, d'iridium, d'antimoine, d'étain, d'ura-
« nium, de zinc, de cobalt, de chrôme, de cuivre, de fer, de nickel, de manga-
« nèse, et quelquefois même d'or, pour produire ou les riches teintes des coquil-
« lages, ou les reflets du prisme.

« Pour préparer un colorant jaune, on opère ainsi :

« Dans une capsule chauffée par un bain de sable, on fait fondre 30 grammes
« de résine d'arcanson, à laquelle on ajoute, lorsqu'elle est sur le point d'être
« fondue, 40 grammes de nitrate d'uranium en poudre, et, pour faciliter le mé-
« lange, 35 à 40 grammes d'essence de lavande; lorsque la matière liquide a été
« rendue homogène par l'agitation, on retire la capsule du feu et on ajoute à
« nouveau 35 ou 40 grammes d'essence de lavande.

« Ce colorant, mélangé par parties égales au fondant de bismuth et appliqué
« au pinceau sur l'objet, fournit une préparation qui, après cuisson, donne un
« ton jaune.

« On obtient un colorant rouge-orange ou nankin, en faisant fondre, comme
« ci-dessus, 15 grammes de résine d'arcanson; après fusion, on verse 15 grammes
« de nitrate de fer concassé et 18 grammes d'essence de lavande,

« Ces additions se font peu à peu et en ayant soin d'agiter; lorsque le mélange
« est convenablement homogène, on retire du feu et quand le tout est suffisam-
« ment refroidi, on ajoute vingt parties d'essence de lavande. Ce colorant, mé-
« langé soit à un cinquième, soit à un tiers de son poids de fondant, fournit des
« préparations qui, après cuisson, donnent des nuances rouge-orange ou nankin
« et tous les tons intermédiaires, suivant la proportion de fondant ajouté.

« L'imitation de l'or poli se fait par le mélange des deux préparations qui pré-
« cèdent, en faisant entrer deux ou trois parties de la préparation d'uranium
« pour une de celle de fer.

« Pour obtenir enfin les couleurs irisées du prisme, on prend ou l'ammoniure
« d'or ou le cyanure d'or et de mercure, ou l'iodure d'or; ces composés aurifères
« sont broyés avec de l'essence de térébenthine sur une palette, de façon à former
« une pâte qu'on laisse sécher pour la rebroyer de nouveau avec de l'essence de
« lavande ; on ajoute ensuite au produit aurifère une, deux, trois et jusqu'à dix
« parties du fondant préparé au bismuth. En l'étendant au pinceau sur toutes
« les pâtes cuites, et recouvrant cette première peinture de la dissolution d'urane,
« on obtient des tons plus ou moins foncés.

« Toutes ces préparations se mélangent entre elles : elles se superposent même,
« et, appliquées au pinceau, elles fournissent, après cuisson, les nuances les plus
« éclatantes.

« Il est urgent de bien connaître l'épaisseur à laquelle chaque couche doit
« être étendue : il faut encore éviter toute poussière qui ferait des taches en
« accumulant sur certains points des inégalités de matière colorante.

» On cuit dans les conditions des autres peintures. »

Cuisson des peintures. On appelle moufles les fours spéciaux dans lesquels
on cuit les peintures et la dorure, en général toutes les décorations vitrifiables.

On sait qu'en France les moufles se composent d'une sorte de caisse en terre cuite formée soit d'un seul morceau, soit de tuileaux placés de champ ; dans ce cas, ils sont assemblés et ne forment qu'un tout. Au-dessous de cette caisse se trouve un foyer plus ou moins profond avec grille et cendrier ; sur la grille on place le combustible ; c'est ici du bois, à moins qu'il ne s'agisse de brûler les graisses et essences grasses dont on a fait usage, par exemple dans l'impression des faïences. Avec cette disposition, l'ouverture de la moufle et l'entrée des foyers sont placées du même côté, et la conduite du feu, comme l'emm uflement et le démouflement, peuvent se faire par le même personnel. S'il y a quelque avantage au point de vue de certaines éventualités, il faut quelquefois regretter des défectuosités provenant des taches que les cendres peuvent occasionner.

Les dimensions des moufles sont variables avec leur place sous le four ; elles ont 2 ou 3 ou 4 alandiers distincts : les moufles à 4 foyers ont généralemenr :

Profondeur. . . . . de   2^m,83 à 2^m,97

Largeur . . . . 1 ,05 à 1 ,10

Hauteur à la voûte . . . . 1 ,47 à 1 ,52

Elles sont en plein cintre. En moyenne on trouve qu'elles consomment au feu de carmin *(regular Kiln)* :

Les plus grandes à 4 alandiers, 1,200 kilogr. de charbon.

Les moyennes à 3 alandiers, 900 kilogrammes.

Les plus petites à 2 alandiers, 750 kilogrammes.

On n'attend pas pour faire le feu que la moufle soit p'eine ; on cuit le jour et on défourne le lendemain. Ces moufles sont dans un bon état de conservation.

Quand on cuit des couleurs de grand feu, on ne fait usage que des petites et des moyennes moufles ; elles consomment alors :

Les moufles à 2 alandiers, 900 kilogrammes.

Les moufles à 3 alandiers, 1,000 kilogrammes.

Les pièces à cuire sont supportées par des plaques comme dans un enfournement en chapelle les plaques sont séparées, par lits horizontaux, au moyen de colonnes placées de telle sorte que les piliers verticaux se correspondent. Les assiettes sont cuites dans des espèces de support à trois pieds placés les uns sur les autres. Le fond de ces supports porte soit un renflement triangulaire, soit un creux, triangulaire aussi, qui remplace les pernettes ou pattes de coq.

Les assiettes sont ainsi placées horizontalement ; elles ne cassent pas à cause de la lenteur avec laquelle la chaleur se propage à travers les parois qui ont jusqu'à 55 mill. d'épaisseur.

Les tasses et autres pièces sont cuites sur des pernettes, ou sur des plaques de terre qui forment chapelle.

Parian ou Paros. — On a pu voir avec intérêt l'extension que prend en Angleterre la pâte dite *parian*, et les spécimens remarquables offerts au choix du public par M. Copeland. Cette matière est d'une nuance jaunâtre agréable ; elle séduit beaucoup plus que les biscuits si froids de notre porcelaine, comme ne le prouve que trop l'exposition de M. Gille ; elle a reçu dans les ateliers de M. Copeland une destination toute princière ; elle y est appliquée avec discernement à la reproduction des marbres antiques. On citera, nous n'en doutons pas, la Vénus de Milo, dont la nuance et le poli sont irréprochables. Nous avons encore remarqué dans ce genre un buste de l'Apollon du Belvédère, par M. Brown — Westhead, de Hanley.

Le parian se présente avec des caractères de réussite exceptionnelle, lorsque après l'avoir mis en glaçure et cuit, on use la surface soit à la meule, soit à l'acide fluorhydrique; il en résulte une poterie d'un grain fin de l'aspect le plus flatteur.

Ivoire. — On sait que le parian est une sorte de porcelaine qu'on prépare avec du feldspath géologiquement pur, mélangé d'une matière plastique dont l'addition est nécessaire pour faciliter le façonnage. La teinte jaune de ce produit est le résultat de l'état d'oxydation du fer que les éléments de la pâte contiennent naturellement.

En exagérant un peu la nuance jaune du Parian, en choisissant, pour en composer la pâte, du feldspath un peu plus ferrugineux, en maintenant très-oxydante la constitution de l'atmosphère de cuisson, on a fait une pâte très-remarquable; c'est une imitation très-exacte de l'ivoire.

Les pâtes colorées en noir sont recouvertes de vernis qui avive leur nuance. On trace la silhouette, puis on enlève, en usant ou de toute autre manière, par exemple en rongeant à l'acide fluorhydrique liquide ou gazeux, les parties que l'on veut rendre mates.

Peinture au crayon. — Un trait fait sur le biscuit lui-même avec un crayon composé, donne une silhouette d'ensemble qu'il suffit d'ombrer ou de modeler avec des couleurs dures pour avoir un travail complet. Le ton clair de la pâte forme, sans autre artifice, l'extrême lumière des figures.

Ce travail au crayon, très-remarquable, dont nous avons trouvé des traces dans une exposition d'Allemagne, celle de M. Muller, de Berlin, peut accomplir une révolution et donner au potier les ressources d'une sorte de pastel s'il sait préparer des crayons de couleurs variées. Or il n'y a pas de difficulté sérieuse. Une boîte de pastels convenables permettra donc à l'artiste, débarrassé de toute préoccupation de métier, de dessiner sur dégourdi, et de substituer ainsi à la décoration monumentale faite au moyen de la mosaïque, de véritables peintures murales également inaltérables. Cuites et passées sous une couche de matière vitreuse et transparente, ces peintures constitueront une sorte de fixé comparable aux anciens émaux; l'excipient métallique serait remplacé par un excipient de terre cuite.

Pâtes marbrées. — Les terres cuites à pâte marbrée recouvertes de glaçures colorées conduisent aux pièces appelées malachite, porphyre, et azulite.

Voici, à titre de renseignement, une série de colorations qui peuvent servir de bases à d'autres émaux de couleur :

	Bleu.	Vert.	Brun.	Jaune.
Sable ou feldspath	1000 —	1000 —	1000 —	1000
Minium	1500 —	1500 —	1500 —	1500
Borate de chaux	500 —	500 —	500 —	500
Oxyde de cobalt	40 —	» —	» —	»
Oxyde de cuivre	» —	300 —	» —	»
Oxyde de fer	» —	» —	200 —	»
Chromate de potasse	« —	» —	» —	25

On fond et on coule, on applique ensuite soit au pinceau soit par immersion.

PORCELAINES

ÉTAT DE CETTE INDUSTRIE EN FRANCE (1).

On sait généralement quelle position importante la fabrication de la porcelaine dure, tient dans l'industrie française ; c'est pourquoi j'ai cru que les indications suivantes ne seraient point déplacées dans cet ouvrage.

Limoges, qui est le siége principal de cette industrie en France, pourrait être comparé au Staffordshire, qui est le centre de la fabrication des poteries en Angleterre.

Il est facile de se rendre compte des causes de la position géographique de plusieurs de nos industries en France, en prenant en considération l'époque de leur création, époque où les circonstances étaient tout autres qu'aujourd'hui.

Les changements survenus depuis ces temps font que beaucoup de nos grandes industries ne se trouvent plus placées aujourd'hui dans les localités qui leur seraient les plus avantageuses. J'ai souvent entendu demander pourquoi ces industries n'allaient pas s'établir dans ces localités ? Sans être manufacturier, pour peu que l'on soit familiarisé avec l'industrie, on connaît les milliers de difficultés qui s'opposent à un tel déplacement.

En effet, ce ne sont pas seulement des cheminées, des bâtiments, des machines que l'on aurait à transporter ou à reconstruire, mais encore une quantité d'industries diverses qui reposent toutes les unes sur les autres, ce qui entraînerait, comme conséquence nécessaire, l'émigration des nombreuses populations qui s'y adonnent. Il faut observer aussi qu'il est bien rare qu'on puisse trouver réuni dans une localité tout ce qui est nécessaire à une industrie, et que d'autre part les chemins de fer et les canaux tendent à neutraliser jusqu'à un certain point les désavantages attachés à certaines localités. Il faudra donc probablement bien du temps encore pour que ces translations s'effectuent.

Pour l'industrie de la porcelaine, le pays de Limoges présentait autrefois des conditions fort avantageuses. Cette contrée très-boisée, où le flottage sur les rivières et les ruisseaux, qui y sont nombreux, permettait le transport des bois à bas prix, offrait, à côté de la facilité d'y établir des moulins pour la préparation des pâtes, toutes les matières premières nécessaires à cette fabrication ; ces matières s'y trouvent de toute beauté, chose assez rare en général, surtout au temps passé et même aujourd'hui, où l'on exploite des kaolins dans différentes régions, mais on en trouve bien peu d'aussi beaux que ceux de Saint-Yrieix.

Enfin à Limoges la main-d'œuvre était à très-bas prix ; c'est au concours de ces circonstances favorables, et que je suis loin d'avoir toutes indiquées, qu'il faut attribuer l'extension que l'industrie porcelainière a prise dans cette ville.

Mais depuis quelques années, le prix du bois ayant sans cesse augmenté, parce qu'on en brûlait plus qu'il n'en poussait, on a été forcé d'avoir recours à la houille ;

(1) ANNALES DU GÉNIE CIVIL, 1863.

et si cette substitution n'est pas encore complète aujourd'hui, elle tend de plus en plus à le devenir.

Un changement de cette importance n'a pu d'ailleurs se réaliser qu'après bon nombre d'essais et de tâtonnements, manière de procéder qui dans les commencements amenait des résultats plus coûteux que ceux de l'ancienne cuisson au bois, à cause de la quantité de choix inférieurs produits.

Il y a quelques années, le bois valait à Limoges 10 à 12 fr. le stère, et dans les fours ordinaires de 4ᵐ à 4ᵐ, 25 de diamètre, on brûlait en moyenne 54 stères de bois, essence de chêne, hêtre, bouleau, châtaignier. D'après un rapport de M. Ebelmen au ministre du commerce, en 1850, on brûlait à Sèvres 60 stères de bois blanc, ou 90 hectolitres de houille de Mons par four; et le rapport de la houille consommée au poids de la porcelaine fabriquée était de 8 à 1.

A Limoges, dans des fours de 4ᵐ à 4ᵐ, 25 de diamètre, on brûle de 10 à 11 tonnes de charbon de terre de Commentry, ce qui porte à peu près la consommation de la houille à 4 kilogr. par 1 kilogr. de porcelaine cuite.

En admettant que la valeur moyenne d'une de ces fournées soit de 2,300 fr. et que le kilogr. de porcelaine vaille 0 fr. 75 c. (M. Alluaud déclarait à l'enquête que la porcelaine courante valait 0 fr. 90 le kilogr.), cela représenterait un poids d'environ 3,000 kilogr. de porcelaine cuite avec 11 tonnes de charbon de terre. Le charbon employé à Limoges provient de Bosnay ou de Commentry; il n'y a pas longtemps que le premier, rendu à Limoges, revenait à 28 fr. la tonne, et celui de Commentry 33 fr; ce dernier est préféré. Dès que le chemin de fer de Montluçon rejoindra la ligne d'Orléans, les prix de ce combustible ne seront plus si élevés à Limoges.

On voit que la différence des frais de cuisson avec la houille et avec le bois donne à peu près les résultats suivants :

54 stères de bois à 12 fr. . . . . 648 fr.
11 tonnes de charbon de Commentry à 33 fr. . . . . 363 •
    Différence en faveur de la houille. . . . . 285 fr.

Toutefois, il est prudent, pour ne pas se tromper, de bien tenir compte des choix produits avec les deux cuissons comparées, et en outre de certaines exigences de fabrication.

Si les renseignements que je viens de donner ne s'accordent pas avec ceux publiés dans d'excellents écrits spéciaux, cela peut tenir aux différences de diamètre et de cubage des fours comparés, ensuite aux systèmes de combustion, qui ne sont probablement pas les mêmes, et enfin surtout à la quantité de marchandise contenue dans les cassettes.

On sait que les pâtes de porcelaine de Limoges sont généralement composées de différentes sortes de roches kaoliniques, mélange composé de manière à obtenir autant que possible non-seulement la plasticité nécessaire au travail de la pâte, mais encore la translucidité, sans que les pièces, convenablement cuites, en subissent une déformation ; que cette porcelaine est soumise à deux cuissons successives: un premier feu faible, dit dégourdi, qui a seulement pour but de faire prendre aux pièces assez de solidité pour pouvoir, sans se briser, être trempées dans l'émail: et un second feu, d'une température très-élevée, où les pièces revêtues de leur couverte doivent cuire jusqu'au point nécessaire à l'acquisition de la translucidité et d'un beau glacé.

La fabrication de la porcelaine dure en Allemagne, à part quelques modifications dans la composition des pâtes, que généralement chaque fabricant prépare lui-même, a la plus grande analogie avec ce qui se fait en France.

Il y a en Allemagne de très-grandes manufactures de porcelaine dure placées sur les houillères. Il y a aussi dans ce pays une manufacture qui fabrique une véritable *porcelaine opaque*, si l'on veut bien me permettre cette locution tout à fait contradictoire. Voici comment cette poterie se fabrique : On a une pâte très-peu feldspathique, composée de telle sorte qu'étant exposée à la haute température du feu de porcelaine dure, cette pâte prend une consistance très-dure et très-solide, sans pour cela devenir translucide ; ce produit est en tout point traité comme la porcelaine dure ; d'abord dégourdi, puis trempé dans la couverte de porcelaine dure, et cuit à la manière de cette dernière. Ce produit est tout aussi beau et aussi bon, si ce n'est encore meilleur, que la porcelaine dure, parce qu'il se rapproche moins de la nature et des propriétés du verre que celle-ci ; il n'est pas translucide, pas vitrifié.

On pourrait se demander comment il se fait que la fabrication de la porcelaine dure n'existe pas en Angleterre ; il est probable que cela tient à la répugnance que les Anglais ont eue jusqu'à ce jour à employer des matériaux de provenance étrangère, lesquels, dans certaines circonstances, pourraient les rendre trop dépendants, et à ce que, d'autre part, ils n'ont probablement pas cherché à obtenir ce produit avec leurs propres matières premières ; et enfin, à ce que les bonnes manufactures anglaises font une porcelaine tendre qui est très-bonne et se prête beaucoup mieux aux divers genres de décor, impression et peinture sur biscuit et sur émail, que la porcelaine dure. On sait néanmoins que la France exporte de la porcelaine dure en Angleterre, ce qui ne veut pas dire, il est vrai, qu'elle y reste toute.

Ce sujet me conduit naturellement à parler de ces porcelaines qu'on est convenu d'appeler tendres.

Ces porcelaines, à quelques exceptions près, au contraire de ce qui se pratique pour la porcelaine dure, reçoivent dès le premier feu, la plus haute température à laquelle elles doivent être exposées, c'est-à-dire jusqu'au degré nécessaire à l'acquisition de la translucidité ; après quoi on les trempe dans l'émail et on leur fait subir une seconde cuisson, pour obtenir la fusion et le glacé de cette couverte ; cette seconde cuisson est inférieure en température à la première.

L'avantage de cette fabrication consiste surtout en ce qu'elle permet de cuire les pièces au plus fort feu, sur des moules, ou dans de la farine de silex, procédé qui les empêche de se déformer, et qui ne serait pas applicable à la porcelaine dure, puisque celle-ci est déjà revêtue de sa couche d'émail quand elle est soumise au fort feu, et que, par suite, les pièces se colleraient aux moules.

Mais il est bon de faire observer qu'on pourrait traiter certaines porcelaines tendres comme la porcelaine dure, seulement les températures de cuisson seraient différentes ; si cela ne se pratique pas ou peu, c'est que sous bien des rapports ce serait désavantageux. On sait que presque toutes les argiles, cuisant plus ou moins blanches, sans en excepter celles des terrains tertiaires, peuvent, lorsqu'elles sont mélangées en proportions convenables avec des feldspaths et du quartz, devenir translucides, à une température qui dépend des proportions des mélanges et de la nature des argiles; il en est de même si l'on remplace le feldspath par du carbonate de chaux, ou par différents autres sels terreux. C'est ainsi qu'un mélange d'argile, de silice, de feldspath et de phosphate de chaux forme la base de presque toutes les pâtes de porcelaine tendre en Angleterre.

D'après ce que je viens de dire, on conçoit la grande variété de porcelaines qui existe ou qui peut exister, non compris l'ancienne porcelaine tendre dite de Sèvres et de Tournay. On pourrait attribuer à cette dernière une sorte de parenté avec ce verre dévitrifié appelé communément « porcelaine de Réaumur. »

Si quelques-unes de ces diverses porcelaines tendres sont peu ou point répandues dans le commerce, cela tient à ce qu'elles sont généralement moins belles que la porcelaine anglaise, et à la fois moins belles et moins bonnes que la porcelaine dure, dont les prix très-bas tendent encore à baisser depuis l'introduction de la houille comme combustible.

L'ancienne porcelaine tendre, type du « vieux Sèvres », a dû sa grande réputation aux jolies peintures dont on pouvait la décorer; la beauté de ces peintures était due à la nature de la couverte employée, laquelle était très-fusible et permettait, grâce à cette propriété, aux couleurs de s'y développer admirablement, effet que n'admet pas la couverte des porcelaines dures actuelles.

Jusqu'ici les tentatives peu nombreuses et peu suivies, probablement, qu'on a faites pour appliquer ce genre de couverte tendre à la porcelaine dure, en traitant celle-ci à la manière des porcelaines tendres, n'ont pas, autant que je sache, réussi; les couvertes essayées ont toujours fendillé.

Les couvertes des porcelaines tendres anglaises, bien qu'elles permettent aux couleurs de s'y développer beaucoup mieux que sur la porcelaine dure, n'ont cependant pas atteint aux mêmes résultats que ceux obtenus sur l'ancienne porcelaine tendre. Toutefois, la différence étant peu sensible, le problème me paraîtrait réalisable, s'il valait la peine de s'en occuper sérieusement.

Si l'on trouve des lacunes dans cette notice, c'est que je n'ai pas cru devoir emprunter aux ouvrages spéciaux ce que tout le monde peut y lire; et d'autre part, si je ne suis pas entré dans des détails plus techniques, on comprendra ma réserve; mon but ayant été de montrer surtout qu'il existe une bien plus grande variété de porcelaines que celles qu'on admet généralement.

NOTE VI.

POTERIES.

Observations de M. Salvetat sur la fabrication des poteries dans les différents pays, résultats d'observations faites à l'exposition de Londres (1).

M. Salvetat a fait remarquer que depuis 1851 le mouvement progressif dans la fabrication des poteries ne s'est pas ralenti à Londres, et si dès les premières années de ce siècle, la France et l'Angleterre étaient les seules qui parussent se

---

(1) Note Extraite des ANNALES DU GÉNIE CIVIL. (1863).

préoccuper des développements à donner aux arts céramiques, il n'en est plus de même aujourd'hui. L'Italie, la Suède, la Norwége et l'Espagne ont créé des établissements qui satisfont déjà, en grande partie du moins, à la consommation locale.

L'Allemagne reste stationnaire, il n'y a que la fabrication de la faïence fine qui semble répandue sur les bords du Rhin.

En Angleterre les manufactures de faïence sont concentrées sur un point du Staffordshire qu'on désigne pour cette raison sous le nom de *Potteries*. Le centre le plus important est Hanley, qui compte aujourd'hui 25,000 habitants et qui s'agrandit tous les jours par l'annexion des villes voisines, des bourgades entières disparaissent, et Shelton est absorbé. Burslem, Etruria, Stoke, Couldon Place seront sans doute annexées bientôt.

Peu de fabriques font un seul article; comme on peut cuire à la même température la porcelaine tendre à pâte phosphatée, le parian et la faïence fine, les fabriques qui ont le plus d'importance ont réuni ces trois fabrications. En France, on ne trouve l'équivalent de cette organisation, et encore sur une échelle bien moins grande, qu'à Limoges où les manufactures de porcelaine sont agglomérées.

La fabrication de la porcelaine est donc en France répartie sur divers points, et les fondateurs de ces établissements ont dû s'attacher surtout à se placer à proximité du combustible et des matières premières telles que les kaolins.

Si l'exposition anglaise, pour ses produits céramiques, est très-importante, il est juste de constater que la partie française ne donne qu'une idée bien imparfaite des ressources industrielles de notre pays.

Dans la fabrication des faïences, les plus grands établissements dont l'Empire s'honore ont fait défaut, et Sarreguemines, avec sa fabrication variée, aurait certainement soutenu avec honneur la comparaison avec mainte usine anglaise. Creil et Montereau eussent eu de même quelques succès qui n'auraient pas dû être dédaignés lors même qu'il eût fallu les partager avec la manufacture de Bordeaux.

Une fabrication très-importante en Angleterre est celle du grès à l'usage des fabricants de produits chimiques, toutes les tentatives faites en France pour l'introduire ont échoué jusqu'ici, et jamais cette industrie n'avait produit de spécimens aussi développés. Les plus beaux échantillons qu'on a pu remarquer sont des cuviers, des serpentins et des citernes. On fait, et d'une manière courante, des tuyaux énormes pour conduites d'eau et d'égouts en grès vernissés; l'industrie des produits chimiques aurait certainement intérêt à faire usage de ces ustensiles.

Il en est de même à l'égard des carreaux de pavage ou de revêtement, qui ont pris un développement considérable. Cette industrie chez nous n'a pas de similaire.

La Belgique se signale par son habileté dans la fabrication des grès et des produits réfractaires.

La Hollande commence à augmenter sa fabrication. L'Espagne avait des produits variés en faïence fine blanche et imprimée; des spécimens de faïence peinte par la chromo-lithographie ou décorés d'impressions dorées. L'Italie fait mieux et surtout en plus grande quantité qu'en 1851. En Allemagne, en Prusse, en Autriche, en Saxe, la fabrication de la porcelaine dure reste stationnaire.

La Russie a exposé des pièces simples mais bien réussies, leurs dimensions leur donnent une importance qu'il faut reconnaître; le goût des Russes se rapproche beaucoup du nôtre, et cette tendance se retrouve dans les autres peuples du Nord; on a pu le remarquer dans l'exposition du Danemark.

M. Salvetat fait ressortir à juste titre la manufacture impériale de Sèvres, éclairant la fabrication particulière en essayant les procédés nouveaux, corrigeant les anciens et étendant le champ, déjà si vaste, cultivé par le potier de terre.

Un fait général, dit M. Salvetat, s'est présenté à l'Exposition de 1862, et ce fait se remarque dans les produits céramiques comme dans beaucoup d'autres catégories des objets exposés. La France, ingénieuse dans les détails, ne possède pas cette grandeur de l'application qu'on observe chez nos voisins. A l'ampleur de leurs moyens d'action correspondent une fabrication parfaite, des produits admirablement fabriqués, une installation d'usines très-considérables. Peu de ces idées nouvelles font de l'Exposition céramique française une agglomération très-instructive.

Au point de vue de l'application des beaux-arts à l'industrie, on trouve chez nous des exposants nombreux qui, tous dans une voie différente, s'exercent à produire des objets de céramique décorative. Mais il leur manque les notions certaines de la technologie pratique, si développée chez les fabricants anglais. Le goût artistique s'est étendu d'une manière surprenante en Angleterre depuis l'Exposition de 1851, et les exhibitions de MM. Minton, Copeland et Wedgwood ont fait voir avec quelle rapidité la transformation est possible dans ce pays qu'on avait voulu nous représenter comme déshérité de toute tendance artistique.

Les exposants anglais ont produit une pâte nouvelle qui représente une imitation parfaite de l'ivoire. Il ne doute pas que nos fabricants, déjà si habiles, ne puissent être en état de reproduire prochainement des pièces de cette même matière, comme aussi des peintures vitrifiables obtenues par des crayons céramiques pour remplacer les pinceaux. L'Allemagne en a montré quelques échantillons intéressants. M. Minton a exposé une buire très-remarquable peinte par cette méthode.

Il termine en accusant enfin la parfaite qualité des matières réfractaires exposées par un grand nombre de producteurs anglais. Il a surtout été frappé de la qualité toute spéciale de l'argile de Sourbridge. Des fragments séparés de cette terre, dont l'un a été cuit et l'autre est resté cru, sont rapprochés et se rajustent sans que le retrait ait été sensible.

NOTE VII.

Porcelaines modernes. — L'Exposition possédait quelques échantillons de l'art céramique chinois et une collection de porcelaines japonaises vraiment dignes d'attention. Les grandes fabriques de porcelaines chinoises, ruinées par les renelles, se relèvent chaque jour; mais elles ne produisent plus ces belles pièces si estimées des indigènes et peut-être plus encore des Européens. Soit faute de capitaux, soit que le goût des ouvriers se soit oblitéré en perdant les anciennes traditions, il est évident que la moderne céramique se contente de fabriquer des produits communs et d'une vente facile. Pourtant, à Ken-ti Tchen, ville célèbre par l'antiquité de ses fours, une population de 200,000 ouvriers se livre à cette industrie. C'est là qu'étaient autrefois les célèbres fabriques, aujourd'hui détruites de l'empereur. On exécute encore, il est vrai, à Ken-ti-Tchen, un grand nombre de pièces destinées au palais impérial et dont la vue est toujours sévèrement interdite aux profanes; mais elles ne diffèrent des pièces ordinaires que par un peu plus de soin dans la cuisson et peut-être un peu plus de richesse décorative. Il faut pourtant avouer que, malgré la décadence de l'art céramique en Chine, notre fabrication aurait encore à apprendre de la leur. Les céladons chinois, les rouges flammés, sont supérieurs aux nôtres; les ouvriers règlent à volonté la formation de leurs craquelés, ce que nous ne pouvons faire, il est, du reste présumable que, même mis en possession de leurs secrets nous ne parviendrions pas à produire les mêmes effets, nos matières premières n'ayant pas toujours la même composition que les leurs. L'exposition des porcelaines chinoises pouvait donc offrir encore un puissant intérêt; malheureusement elle n'a renfermé, sauf quelques rares pièces, que des objets communs et de bas prix.

Il n'en est pas de même des envois japonais. L'originalité et l'élégance des formes, la disposition des couleurs, le fini des pièces, tout indique sinon une supériorité bien marquée sur les Chinois, du moins la prospérité de cette industrie au Japon. Quelques-unes de leurs grandes assiettes méritent tous les éloges des connaisseurs. Les marchands japonais qui sont venus à Paris, et qui certainement ont admiré notre splendide exposition de Sèvres, auront jugé quelle est chez nous l'importance de cet art; mais leur génie est différent du nôtre, leur ornementation est plus décorative qu'artistique, et s'ils ne consacrent pas comme nous le faisons souvent, plusieurs années à la peinture d'une seule pièce, ils n'en obtiennent pas moins des résultats dignes de notre envie, puisque nous ne dédaignons pas de copier quelquefois leurs formes et de faire des emprunts à leur goût.

Aussi c'est au point de vue des exemples perdus que nous devons surtout déplorer la décadence de cet art en Chine.

Ses fabricants ont oublié le secret de ce beau rouge sang de bœuf qui forme la couverte de certains anciens pots. Ils n'ont plus le moyen de donner aux figures et aux fleurs ce léger relief qui ajoutait aux colorations la finesse d'un émail; leurs craquelés modernes, les céladons qui sortent aujourd'hui de leurs fabriques, sont bien inférieurs à ceux qu'ils faisaient autrefois. Il existe pourtant en Chine des ouvrages écrits sous la direction des hauts mandarins, chargés jadis par les empereurs de la surveillance des fabriques, et ces livres contiennent la description minutieuse des moyens employés par l'ancienne céramique. Notre contact, la force des choses, ne sauraient tarder, nous l'espérons du moins, à vaincre l'indifférence de ce peuple, et l'Europe profitera bientôt de ces trésors retrouvés.

Pierres artificielles sans cuisson (1).

par F. Ransome.

Nature des matériaux. Ces pierres qui diffèrent essentiellement de celles qu'on a faites jusqu'ici et qui peuvent recevoir les dimensions et les formes que l'on veut, conviennent non-seulement pour la grosse maçonnerie mais aussi pour les ornements d'architecture. Elles se composent de sable ou de chaux fortement agrégés, de manière à former une masse indestructible au moyen d'un ciment siliceux qui se convertit en silicate de chaux insoluble, analogue aux mortiers ou aux ciments inaltérables des Romains.

Procédé de fabrication. On mêle le sable, la chaux ou toute autre substance minérale, avec son propre poids d'une dissolution de silicate de soude. Après avoir effectué ce mélange, on lui donne la consistance nécessaire en le tassant dans des moules ou en l'étendant à l'aide de rouleaux, et on le plonge dans une solution de chlorure de calcium. Il se produit alors une double décomposition le chlorure de sodium est enlevé par des lavages, tandis que la silice se combine à la chaux, et forme un silicate insoluble qui cimente toutes les parties siliceuses ou calcaire dont la pierre est formée.

Prix de revient. Le prix de revient des blocs ou des dalles est inférieur à celui des pierres naturelles dans certains lieux, surtout si on considère que le moulage augmente à peine le prix. La dépense principale est celle des moules, mais on peut les faire en plâtre ou en bois, et, dans le cas où il faut un certain nombre de pierres semblables, l'augmentation de prix due au moule devient insignifiante.

Les principaux avantages du procédé sont les suivants :

1° La main-d'œuvre est simple, peu coûteuse, exige peu d'avances ;

2° Les matériaux employés sont en général fort abondants dans la nature ;

3° On peut fabriquer la pierre aux lieux mêmes où on l'emploie et de la forme voulue, et cela à meilleur marché que la pierre taillée et quelquefois même que la pierre brute.

On peut l'employer soit pour la grosse maçonnerie, soit pour des détails d'architecture. Son aspect est celui des pierres de bonne qualité, on peut d'ailleurs lui donner la teinte que l'on veut.

4° Il n'y a pas de déchets dans la fabrication, et si l'on veut diminuer les frais de transport, on peut faire les pierres creuses, sans qu'elles soient pour cela moins résistantes.

5° A l'inverse de beaucoup de pierres naturelles qui sont attaquées par les émanations acides et par l'atmosphère, principalement dans les districts manufacturiers et dans les villes populeuses, au point de tomber assez vite en poussière, les pierres artificielles non-seulement n'ont rien à craindre mais augmentent de dureté avec le temps.

(1) *Annales du Génie civil,* 1863.

6° Au point de vue de la résistance, les pierres artificielles sont supérieures au calcaire de Portland.

Expériences. Un prisme de 1 décimètre carré de section et de 46 centimètres de long reposait sur deux supports en fer éloignés de 41 centimètres; il fut chargé d'un poids de 961 kilogrammes, tandis qu'un prisme semblable de calcaire de Portland, se rompit sous une charge de 361 kilogrammes.

La cohésion de la pierre artificielle est presque double de celle du calcaire de Portland, et presque triple de celle des calcaires de Caen.

Un cube de 1 décimètre de côté de la pierre de Ransome supporta, avant de se rompre, un poids de 3048 kilogrammes.

Rapport de M. Frankland. La pierre artificielle fut essayée comparativement aux calcaires de Caen, de Bath, de Portland, etc., pour constater l'altération par la chaleur, l'eau, les acides. La porosité de la pierre Ransome est plus faible que celle de ces trois calcaires, elle absorbe 6.5 0/0 après avoir été desséchée à 100 degrés, elle est inaltérable par les acides. Pourtant l'échantillon essayé était fabriqué depuis peu, et l'on sait que le silicate de chaux durcit à l'air. M. Frankland conclut qu'à l'exception des roches primaires (granit, etc.), la pierre artificielle Ransome est la meilleure pour la conservation des décorations d'architecture. Rien dans la constitution chimique de la pierre ne peut faire penser qu'elle doive être détériorée par l'atmosphère saline de la mer.

NOTE IX.

Remplacement des briques par des tubes.

On se préoccupe beaucoup en Angleterre de l'emploi du béton aggloméré. A des intervalles assez rapprochés, nous voyons surgir des discussions sur les avantages et les inconvénients spéciaux des différents systèmes du *Concrete,* c'est le mot par lequel on désigne le béton aggloméré, et les auteurs des articles publiés dans les journaux spéciaux ne paraissent pas être près de se mettre d'accord.

L'Institut des architectes de Londres, après s'être livré à de nombreuses expériences, arriva à la conclusion qu'un béton composé de 2 parties de chaux, 35 parties de sable et 5 parties de ciment, a une résistance à l'écrasement de 4 tonnes par pouce carré (640 kilog. par centimètre carré), ce qui représente deux fois la résistance de la pierre de Portland, huit fois celle de la pierre de Bath, et seize fois celle de la maçonnerie ordinaire en briques. Ces résultats ont été admis comme concluants, et l'on est donc généralement d'accord en Angleterre sur la force de résistance du béton aggloméré. Mais sous quelle forme le béton doit-il être employé lorsqu'il s'agit de la construction de maisons? C'est là que la discussion commence. Empruntons quelques détails à *The Engineer* du 25 septembre.

« Différentes formes ont été adoptées et brevetées, et quelques petites constructions ont été élevées d'après des procédés divers. Pour recommander leurs procédés, les brevetés insistent généralement sur l'économie des matériaux qu'ils emploient et sur la rapidité de l'exécution. M. Chadwick, dans son rapport sur l'Exposition de 1867, a fait remarquer que des logements avec les annexes nécessaires pour la santé et le confort, ont été construits en béton aggloméré sur plusieurs points de la France, et cela dans des conditions d'un bon marché extraordinaire. M. Chadwick a aussi parlé de l'église du Vésinet, monolithe en béton, composé de 5 mètres cubes de sable de rivière, 1 mètre cube de chaux hydraulique et 250 kilog. de ciment de Paris. Le rapport ajoutait que depuis l'édification de cette église, l'administration avait employé le béton pour les constructions des égouts, et qu'il était de notoriété à Paris, que les maisons construites en béton, au lieu d'être malsaines à habiter dans la première année de la construction, comme les maisons ordinaires, peuvent être occupées en toute sécurité au bout d'un mois.

« Mais il est à remarquer, qu'en définitive, les maisons en béton reviennent, à Paris, à peu près aussi cher que celles en maçonnerie. L'introduction d'un moule mobile pour l'érection de murs en béton a fait disparaître l'un des principaux obstacles qui s'opposaient à la construction de maisons à bon marché, et a servi de stimulant pour d'autres essais. » En Angleterre, ce système a principalement été adopté pour l'érection de petits cottages ou de villas à deux étages. Des progrès seront sans doute réalisés dans un avenir prochain, et alors on se mettra d'accord sur la meilleure méthode à suivre.

M. H. Conybeare, dans un article *Sur l'avenir de l'architecture à Londres*, exprime la conviction que, dans un temps donné, on adoptera généralement les constructions en bétons et à l'épreuve du feu. Il donne des calculs d'où il résulterait qu'une maison ordinaire, qui coûterait aujourd'hui 30,000 fr. en maçonnerie ordinaire, peut être construite pour 17,500 fr. en béton. *The Engineer*, sans accepter complétement ce calcul, admet que le béton peut donner lieu a une économie de 15 à 20 pour 100. Mais il fait remarquer, en s'appuyant sur l'autorité de l'architecte même de l'église du Vésinet, que bien que le béton aggloméré présente une économie notable, il donne lieu, d'un autre côté, à des inconvénients assez graves. Après avoir étudié soigneusement la question, M. Boileau, — c'est l'architecte de l'église du Vésinet, — assure que le béton aggloméré subit, tout comme la maçonnerie composée de blocs, mais dans une proportion bien plus considérable, des effets de contraction et de dilatation, « ce qui relègue dans le monde des chimères la prétention de M. Coignet de construire des édifices monolithiques avec le béton. » Sur des murs d'une certaine étendue, construits sur une longueur continue, l'action d un froid sec a produit des crevasses verticales à des intervalles de 1m50 à 1m80. D'ailleurs, ajoute *The Engineer*, une surface (que ce soit le mur d'une maison ou un mur de clôture), construite entièrement en béton, présente à l'œil un aspect de monotonie froid et désagréable. Il est vrai qu'on peut y tracer des lignes simulant les joints des murs en moellons ou en autre maçonnerie, ou la surface du béton peut être mise en couleur, mais alors, absolument comme pour le stuc, ce n'est qu'à une imitation qu'on arrive.

Un autre mode d'employer le béton, a été recommandé par une société de potiers de terre; dans ce système qui a ses avantages et ses inconvénients, les murs en béton reçoivent un parement de tuiles, ce qui leur donne l'apparence d'une véritable maçonnerie en briques.

On a aussi essayé des constructions avec des blocs de béton ; pour les petits cottages et des installations temporaires, on a eu recours à des bâtis en fer dont les intervalles étaient remplis de plaques composées de ciment, de goudron et de paille.

Revenons à la question de nos murs monolithiques en béton. *The Engineer* pense qu'une objection sérieuse contre ce mode de construction réside dans la grande variabilité que présente cette substance comme matière à bâtir, non pas que le béton bien fait ne soit plus résistant que de la maçonnerie, mais parce que le béton, lorsque le mélange n'a pas été effectué convenablement, n'est pas plus résistant que la maçonnerie et qu'il se désagrége plus promptement. Ainsi un constructeur peu scrupuleux, ou un maître ouvrier trop zélé pour les intérêts de son maître, peuvent distribuer le ciment de Portland d'une main trop avare, et le résultat sera que le mur étant construit de boues, s'écroulera après s'être fendu. Un propriétaire d'un brevet, en présentant son procédé à l'association des architectes anglais, a fait remarquer que l'ouvrier ayant à se tenir sur un échafaudage élevé, retenu par des tasseaux dans le mur de béton, aura bien soin que ce béton soit convenablement composé. « Mais, dit le journal anglais,

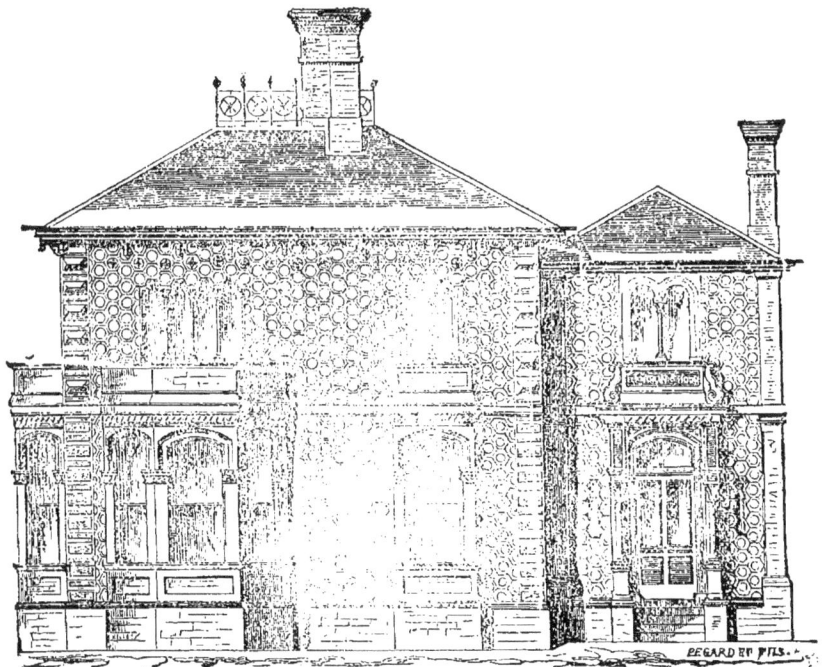

Fig. 4.

en laissant même de côté la question que si l'ouvrier dépréciait la substance qu'il doit employer, il serait renvoyé sur-le-champ, n'est-il pas possible qu'on emploie un très-bon béton pour les parties qui doivent recevoir les tasseaux portant l'échafaudage, mais que les intervalles soient remplis de béton de qualité inférieure. »

Arrivons maintenant à un nouveau système, celui qui a servi dans la construction de la maison que nous représentons fig. 4, page précédente, et qui a été bâtie à Bickley par MM. Parr et Strong, inventeurs patentés de ce système.

Pour construire les murs on a superposé horizontalement des tubes vides de forme hexagonale de bonne poterie, ayant l'extrémité, du côté de l'extérieur, remplie de 10 à 12 centimètres de béton avec revêtement de granits. L'extrémité du tube, du côté de l'intérieur, est fermée par un carreau en terre cuite hourdée en ciment plein.

Ce carreau a une surface plate sur laquelle on applique une couche mince de mastic et de plâtre ou un papier sur lequel on peut coller la tenture proprement dite.

Le tube hexagonal, y compris les joints, remplit environ deux centimètres carrés, un quart de la surface du mur. Les murs de fondation sont en béton, ceux du rez-de-chaussée sont en tubes de 12 pouces (0ᵐ,304); pour les étages supérieurs, les murs sont en tubes de 8 pouces (0ᵐ20), de sorte qu'avec les carreaux ces murs ont respectivement 13 et 9 pouces.

Le garnissage des tubes en granit en parement donne l'idée d'une construction d'une grande résistance, et si les chaînes d'angle et les cordons n'étaient pas en ciment, l'apparence serait trop sombre. Le déversement est maintenu par des tirants en fer horizontaux et verticaux, et là où doivent être ménagées les baies des portes et fenêtres, on emploie des demi-tubes, en remplissant les vides avec des débris de briques hourdées à plein mortier. Les tubes forment dans ce mode de construction des sortes de voûtes qui ont une résistance réelle, et, avec une décoration applique de colonnes, le résultat est satisfaisant.

La toiture a la disposition ordinaire, en croupe avec couverture en ardoises et ayant à la partie supérieure une terrasse couverte avec une nouvelle matière appelée *union métal*. La figure 4 représente un angle et la baie d'une fenêtre. La

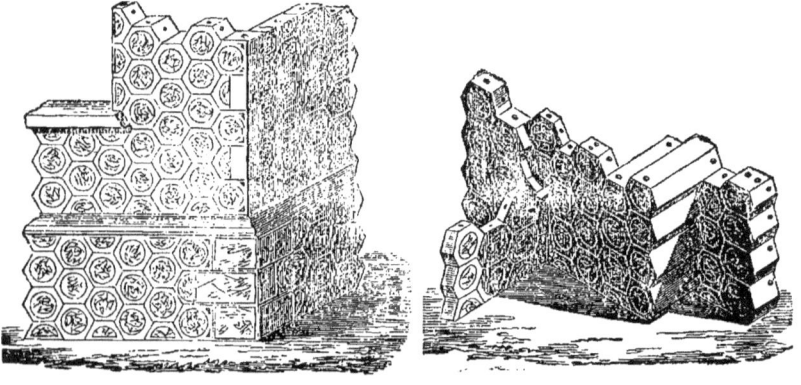

Fig. 5.   Fig. 6.

figure 6 montre le mur en cours d'exécution avec les angles intérieurs et les retraites.

Voici maintenant les dimensions de la maison : le salon a 6^{m}40 sur 4^{m}72 ; la salle à manger 6^{m}10 sur 4^{m}87 ; la cuisine 5^{m}18 sur 4^{m}57 ; il y a en outre six pièces servant de chambres à coucher, de bureau, etc.

Chaque chambre à coucher est munie, près du plafond, d'un ventilateur Arnolt placé à l'extrémité d'un tube qu'on a eu soin de ne boucher que par une plaque de zinc perforée. Près de la maison sont les étables, dont les murs ont de 4^{m}25 à 6^{m}10 de hauteur, construits avec des tubes de 0^{m}152. Les murs du jardin, de 1^{m}83 de hauteur avec un développement de 62^{m}50, sont faits avec des tubes de 0^{m}10 remplis des deux côtés avec du béton de chaux ; ce mur n'a pas de contre-forts, mais des tirants en fer placés tous les dix mètres. Jusqu'à présent, il n'a ni bouclé, ni surplombé.

Lorsqu'on compare ce mode de construction aux maisons en béton ou même à celles en maçonnerie, on remarque qu'il présente l'avantage de garantir l'intérieur de l'humidité à cause de l'espace vide laissé dans le tube. Cette construction est légère et cependant solide et elle offre une économie de 15 p. 100 sur la maçonnerie ordinaire.

NOTE X.

Nouveau procédé pour durcir les pierres, les tuiles, les briques, etc.

La distillation de la houille de gaz donne, entre autres produits, une matière agglutinative connue sous le nom de brai, particulièrement employée aujourd'hui à la fabrication des agglomérés ou *briquettes combustibles*. Son prix moyen est de 0,45 le kilogramme. M. Kulhmann vient d'en trouver une nouvelle et intéressante utilisation :

Si, dans une chaudière contenant du brai bouillant on suspend des briques, des tuiles, tout autre objet en terre cuite et même des pierres brutes, le brai les pénètre à une grande profondeur ; en séchant, ces objets acquièrent une dureté et une imperméabilité qui les rend propres aux travaux hydrauliques et à toute autre construction dans laquelle on a à redouter les effets d'une humidité permanente. Le degré de pénétration est proportionnel à la durée de l'immersion dans le brai, à la température de ce dernier, et à la pression du milieu dans lequel se trouve placé l'objet à durcir. Cependant il n'est point nécessaire de créer dans la chaudière une pression plus élevée que la pression due à l'atmosphère et à la hauteur de la couche de brai qui charge les surfaces des corps qui y sont immergés.

Là ne s'arrête pas l'application industrielle de la découverte de M. Kulhmann : après avoir gratté à nu les murailles de briques, et déchiqueté les joints jusqu'à une profondeur de un ou deux centimètres, on les chauffe avec des feux mobiles de charbon ou de bois, et on les barbouille de brai très-chaud ou on les en injecte ; après le refroidissement, un plâtrage appliqué sur la muraille y adhère très-fortement ; la conservation de l'ensemble est ainsi très-efficacement obtenue.

Dans les fabriques de produits chimiques, les murs extérieurs des fours et les toitures en briques sont quelquefois attaqués par les émanations acides ; par l'application du procédé de M. Kulhmann, ils acquièrent une inaltérabilité qui triple leur durée.

D'après les expériences de l'inventeur, le brai mélangé avec des substances minérales pulvérisées forme une pâte imperméable à l'eau, facile à être moulée à chaud et pouvant servir aux décorations extérieures des monuments et des habitations. Le plâtre, qui, jusqu'à présent, n'avait pu être employé à ces derniers travaux, étant imprégné de brai, résiste à l'humidité tout aussi bien qu'à la gelée.

Ces résultats remarquables, brièvement indiqués ici, ne sont pas dus au hasard ; M. Kulhmann faisait de la *science appliquée* lorsqu'il y a été conduit, c'est ce que prouve le Mémoire qu'il a adressé à ce sujet à l'Académie des sciences, et qui traite *de la conservation des matériaux de construction.*

NOTE XI.

Un fabricant de poteries d'Orléans, M. Archambault, a trouvé le moyen de substituer au four à potier dont on se sert depuis plusieurs milliers d'années une machine à tourner la terre dont voici la description succinte :

Sur une table disposée comme celle d'un four à potier ordinaire, on établit un arbre vertical portant au niveau de cette table un mandrin destiné à recevoir les pièces, et, au-dessous, les poulies nécessaires à la transmission du mouvement. A un des angles de cette table s'élève un deuxième arbre vertical tourné, au long duquel peut glisser, au moyen d'un petit volant et d'une vis de rappel, un châssis formé de deux glissières perpendiculaires à l'axe et dans lesquelles marche, à l'aide d'un second volant et d'une seconde vis de rappel, un coulisseau auquel est adapté le porte-outil. Ce système permet donc de donner à ce dernier toutes les positions possibles au-dessus de la pièce à fabriquer.

Le porte-outil est composé d'un arbre glissant de haut en bas et tournant dans les deux branches supérieures et inférieures du coulisseau alaisées à cet effet. En haut, il porte un anneau traversé par une corde passant sur deux poulies de renvoi, et aboutissant à un contre-poids équilibrant l'arbre porte-outil muni de ses accessoires ; au milieu se trouve une manette saisie par l'ouvrier pour abaisser ou relever l'outil ; au bas, l'arbre est terminé par une coulisse horizontale dans laquelle on fixe, au moyen d'un boulon et d'un écrou, les outils dont la forme est réclamée par la pièce à exécuter.

Ceci établi, l'ouvrier place sur le mandrin un moule en plâtre ayant, je suppose, la forme extérieure d'une assiette ; une balle de terre y est jetée et le porte-outil, muni d'une pièce de forme convenable, est amené sur cette balle pendant que l'arbre est mis en mouvement. Comme cet outil est excentré par rapport à l'arbre qui le porte, l'ouvrier pousse la manette, fait légèrement tourner l'arbre, l'outil écarte la terre, une lame coupe les bavures et la pièce est terminée. On peut, par ce moyen, faire dans un moule d'une seule pièce, toutes les poteries démoulant facilement. Il n'est même pas nécessaire qu'elles aient de la dépouille, le retrait facilitant le démoulage, à la condition que les pièces ne soient pas trop ventrues. Dans le cas contraire, il faudrait employer des moules en deux pièces.

Il est certain aussi que ce procédé ne peut être employé qu'autant que l'ouverture des vases est assez grande pour laisser pénétrer l'outil dans l'intérieur et pour permettre qu'on l'en retire après l'achèvement. Cette machine peut faire 2,300 à 2,500 assiettes par jour, un tourneur ordinaire en faisant environ 400 dans le même espace de temps.

M. Germaix a inventé un procédé à l'aide duquel on peut rendre les briques aussi légères que l'on veut, assez légères même pour pouvoir flotter sur l'eau. L'idée est fort simple, elle consiste à mêler à la pâte argileuse une quantité convenable de débris de liége en poudre grossière. Ce liége disparaissant pendant la cuisson de la terre, les briques demeurent criblées d'une multitude de cavités, et leur densité diminue naturellement en raison inverse de la quantité de liége qu'on y a introduite. Cette espèce de brique sera précieuse dans les constructions très-légères et toutes les fois qu'on aura intérêt à ne pas surcharger la base sur laquelle on veut édifier.

Les expériences faites pour constater leur résistance à l'écrasement ont donné des résultats plus favorables que ceux auxquels on aurait pu s'attendre eu égard à leur porosité. Des tuiles faites par ce procédé et vernies pour éviter l'imbibition des eaux pluvieuses, seraient très-convenables pour des toitures légères.

NOTE XII.

Les industries céramiques en 1873 (1).

L'industrie, le commerce, les œuvres d'art d'une nation sont l'illustration de son histoire. Il est utile, dans l'intérêt du progrès, d'étudier et de comparer les différentes phases que le génie, le goût et l'activité humaine ont parcourus.

Dans l'architecture, la sculpture et en partie, aussi, dans la fabrication céramique, les anciens nous servent encore de modèles, et, sous plusieurs rapports même, ils sont restés nos maîtres.

Les produits en terre cuite étaient connus dès la plus haute antiquité. Homère parle du tour du potier, et, dans un poëme qui lui est attribué, des fours de potier. D'après la Genèse, la tour de Babel fut construite en briques. On les employa pour les murs de Babylone, de Ninive, pour les Pyramides et les contructions privées des Egyptiens. Les Israélites, pendant leur longue captivité en Egypte, furent forcés de travailler dans les briqueteries.

Il est probable que les briques de ces anciens temps se faisaient généralement d'argile corroyée avec de la paille hachée, puis étaient séchées an soleil. Leur dessication demandait beaucoup de temps. Les briques qu'on retrouve à Babylone et dans l'Assyrie, ont des inscriptions, en caractères cunéiformes, indiquant le lieu et l'époque de leur fabrication. Le *Courrier d'Orient* raconte qu'on a découvert en

---

(1) Une grande partie du contenu de ce travail a été empruntée du NOTIZBLATT DES DRUTSCHEN VEREINS FUR FABRICATION VON ZIEGELN, etc., nous le reproduisons d'après la CHRONIQUE DE L'INDUSTRIE BELGE (GÉNIE CIVIL).

1869, sous les ruines de l'ancienne Babylone, un palais rempli de richesses archéologiques. Parmi les objets les plus curieux, figure une bibliothèque composée de briques d'une finesse extrême; les caractères dont ces briques, ou plutôt ces pages, sont couvertes se trouvent dans un état de parfaite conservation.

D'après les rapports de Vitruve, Strabon, Pline et Pausanias, ce sont les Grecs qui ont perfectionné la fabrication des briques. Ils les faisaient de trois dimensions, d'environ 15, 30 et 38 centimètres, désignées par les noms de Didron, Tétradron et Pentradron. Les restes des nombreuses habitations, des temples, des murs d'Athènes et de Mentinée prouvent qu'ils mettaient beaucoup d'intelligence dans la fabrication de ces matériaux.

Pline et d'autres auteurs parlent de briques faites à Tolenta, en Espagne, et à Pictane, en Actolée (probablement d'une farine fossile), tellement légères, qu'elles flottaient sur l'eau. Il se peut qu'elles aient servi, entr'autres usages, pour doubler des navires, comme le *Léviathan*, qui fut donné à l'Egypte par le roi Hiéron de Sicile. Ce navire contenait des arcades, des galeries, des bains, des jardins, des citernes, des écuries, etc.

Les Romains commencèrent à employer les briques pendant la république et continuèrent à s'en servir largement sous l'empire ; les plus employées portaient le nom de « lydiennes, » et ils préféraient celles d'un ton blanc ou tout à fait rouge, qui étaient généralement carrées et avaient 44 centimètres de côté sur 3 centimètres d'épaisseur.

Le Panthéon d'Agrippa, l'Aqua Felice de Néron, la voûte de la Cloaca Maxima, découverte il y a quelques semaines, ainsi que d'autres conduites d'eau, la colonne de Trajan, le tombeau d'Adrien (Castel Angelo) et nombre de petits sépulcres sont presque entièrement construits en briques, hormis les dépouillements, assez bien conservés. Aujourd'hui encore, les briques des anciens Romains sont fort estimées de Rome moderne.

Nos architectes sont pleins d'admiration pour ces vieux matériaux. Cependant, on ne connaît encore ni la composition ni le mode suivant lequel ils ont été fabriqués. On voit seulement qu'ils sont d'une homogénéité parfaite.

Les vieilles briques, qui ont une durée de dix-sept à dix-huit siècles, peuvent résister longtemps encore, même en étant employées dans de nouvelles constructions. Une telle durée ne peut pas s'expliquer par la différence de climat, qui parfois est assez sévère en Grèce comme à Rome, mais plutôt par une fabrication ou une composition plus parfaite que la nôtre.

Si de nos jours on démolit des maisons âgées seulement d'un siècle à peu près, on voit un tas de poussière, mais on ne trouve que fort peu de briques propres à être réemployées.

Le moyen âge avait une spécialité de briques (ou « klinkers ») vernies et différemment façonnées, employées dans les édifices et quelquefois pour former des inscriptions. Les monastères, les églises et les édifices publics de ce temps montrent encore de bonnes briques. Mais depuis, cette fabrication est tombée en décadence.

L'art de faire des briques flottantes, qui avait été complètement perdu, fut retrouvé vers l'an 1790 par Fabroni, professeur à Florence. Il découvrit à Castel del Piano, près de Sienne, une masse très-légère (farine fossile?) composée de silex, de chlorite, d'eau et d'un peu de terre glaise. En ajoutant 1/20 de terre glaise, il parvenait à faire des briques de 7 × 4, 3 et 1, 7 centim. pesant seulement 285 grammes, tandis qu'une brique ordinaire de ces dimensions aurait pesé 5 kilogrammes 26 grammes. Il prétendait que les anciens Romains et les Grecs avaient employé la même substance, et que ces briques, par leur haute qualité réfractaire, étaient propres, entre autres, à la construction des magasins à poudre, etc.

On extrait maintenant une excellente matière, pour de telles briques ; des bruyères de Lunebourg (à Oberlohe) et de quelques autres endroits de l'Allemagne. Outre leur légèreté, elles sont mauvaises conductrices du calorique. Chauffées au rouge vif d'un côté, elles ne prennent qu'une faible chaleur à l'autre extrémité. La même terre *réfractaire* se prête utilement à nombre de mélanges.

La brique est fabriquée d'une terre argileuse mélangée de sable, moulée, séchée à l'air, et généralement cuite au feu. Les briques « crues, » séchées au soleil, ne sont d'un usage répandu que dans les pays méridionaux où l'on trouve des maisons qui en sont entièrement construites. On ne les emploie que deux ans après leur fabrication, pour qu'elles aient le temps de sécher suffisamment et de se solidifier. D'après Vitruve, les magistrats de l'Attique ne permettaient d'employer les briques séchées au soleil que cinq années après leur fabrication.

Les briques cuites se divisent en briques ordinaires, en briques creuses et en briques réfractaires. Les briques ordinaires sont celles qui ont la forme d'un parallélipipède rectangulaire. Leurs dimensions varient suivant les localités ; mais toujours la largeur est égale à deux fois l'épaisseur, plus un joint. Les dimensions usitées sont :

En Angleterre,	22/26	×	11.13	×	6	centim.
France,	22	×	11	×	6	—
Belgique,	18	×	9	×	5	—
Allemagne, {	26	×	12 1.2	×	6 1.2	—
	25	×	12	×	7	—
Italie,	30	×	15	×	5	—
Autriche,	39	×	14 1.2	×	6	—
Espagne,	28	×	14	×	5	—

Les relations internationales font naître de plus en plus la solidarité des intérêts. Peut-être arrivera-t-on un jour à établir une dimension normale des briques pour tous les pays producteurs, comme on cherche à amener l'unité des monnaies.

Les briques creuses sont employées dans les ouvrages légers, les planchers, les voûtes et autres constructions auxquelles il importe de ne donner qu'un faible poids.

Dans la construction de certaines cheminées, on fait usage de briques qui sont cintrées d'après le rayon de la cheminée.

Les briques creuses ont à peu près les dimensions des briques ordinaires, et sont percées généralement de quatre trous, dans le sens longitudinal.

Les briques réfractaires ou infusibles sont celles qui sont fabriquées avec de la terre argileuse ne contenant ni chaux, ni oxyde de fer. Elles servent à la construction des fourneaux et des appareils qui ont à supporter une très-haute température.

Les briques et les carreaux bleus sont une spécialité des briqueteries belges. On les teint en introduisant des *scions* d'aunes verts dans les fours pendant la cuisson.

Les carreaux ordinaires se fabriquent de la même manière que les briques et les tuiles. Au moyen âge, on faisait des carreaux incrustés avec une argile blanche, qui recevait une légère teinte jaunâtre par l'action du feu et par l'addition d'une couche mince de minerai de plomb, en poudre, et de sable blanc bien fin. Maintenant on produit des carreaux à jour pour pavage en différentes couleurs et formant toutes sortes de dessins.

La fabrication des briques est d'une grande importance, surtout en Angleterre, en Belgique, en Hollande et en Allemagne. La bonne qualité des briques anglaises est prouvée par leur grande durée dans un climat humide. Ces matériaux de construction sont un objet essentiellement national en Angleterre, et se conforment intimement aux habitudes, au goût et à l'architecture du pays.

Nulle part il n'y a une si grande variété de briques qu'en Angleterre. On y fait des briques spéciales pour les écuries (ferro-metallic bricks) pour les jardins et les serres (patent beaded), et (patent fern bricks), etc.

Les « klinkers » hollandais, français et belges ont une bonne renommée pour leur grande dureté.

Une loi imposait aux briquetiers romains l'obligation de mettre leur nom sur leurs produits. C'est grâce à ces indications que la marche de la vingt-deuxième légion, à travers une grande partie de la Germanie, a pu être retracée.

En général, l'existence de la poterie a puissamment contribué aux recherches historiques. L'extension de la Grèce, de l'empire romain, de leurs colonies et de leurs conquêtes est pleinement indiquée par l'existence des urnes sépulcrales. Des restes de poterie démontrent de même les limites de l'empire des Musulmans, des Astecs, etc.

Les débris trouvés dans les ruines d'Acropolis, à Métapont, à Cumes et l'année passée à Cære, prouvent que l'emploi des ornements en terre cuite était très répandu en Grèce. On les appliquait aux plafonnages, aux moulures des poutres, des portes, des chapiteaux, etc. Ils étaient exécutés avec une perfection qui n'a peut-être jamais été atteinte depuis. Les ouvrages les plus réussis en ce genre datent des temps de Phidias et de Polyclète.

Les vases, de même que ces ornements, étaient uniquement travaillés à la main. Parmi les débris des vases découverts, il y en a qui montrent des reliefs coloriés. Les urnes sépulcrales dont il est question plus haut, datent probablement de la période qui s'étend depuis l'an 900 avant, jusqu'à l'an 350 après Jésus-Christ. Les vases fabriqués à Athènes pour servir dans l'intérieur de la ville, étaient tellement légers qu'ils ne supportaient pas le transport. On a trouvé plus de 80,000 vases d'une inépuisable richesse de formes. Il n'existe pas deux vases dans ce nombre considérable qui soient tout à fait semblables. La plus grande partie des vases trouvés appartient au sixième ou au septième siècle avant l'ère chrétienne et à des époques postérieures. Les spécimens de ces vases étaient déjà rares et fort estimés au temps de Jules-César.

Tout récemment encore, on a fait des trouvailles de poteries gréco-romaines aux environs d'Orvieto, dont on dit des merveilles sous le rapport de la perfection du travail, de l'élégance des formes et de la pureté du dessin.

Les produits en terre cuite des Romains avaient un caractère spécial; les ornements étaient en creux ou en relief, mais sans application de couleur ou de peinture comme le pratiquaient les Grecs.

Les vieilles poteries des Indiens avaient des dessins écartelés par des lignes d'un brun foncé. Les Arabes les faisaient de la même manière et vernissaient leurs vases et leurs amphores.

Les Etrusques empruntèrent beaucoup aux Grecs, en créant toutefois des types distincts. Ils faisaient des frises et des frontons de grandes dimensions pour leurs temples et les édifices publics.

Depuis, cet art fut négligé jusqu'au onzième siècle. De cette époque jusqu'au seizième siècle, on employa des ornements en terre cuite pour les édifices, tant en Italie qu'en Allemagne. Bernard de Palissy faisait, en outre de ses peintures sur verre, de petites poteries qui sont hors de prix. Les ornements et les arabesques de tous ces travaux les rangent parmi les plus gracieux que le style renaissance ait produits : Michel-Ange employait la terre cuite pour modeler ses chefs-d'œuvre. Négligée de nouveau pendant les deux derniers siècles, la fabrication des terres cuites est arrivée à une haute perfection en Angleterre, grâce aux efforts de Josiah Wedgwood et d'autres.

En Allemagne, puis ensuite en Angleterre, on a de nouveau appliqué les ornements en terre cuite aux édifices; l'école d'architecture de Schinkel et l'église Werder, à Berlin, en sont les types les plus parfaits.

Les ornements en terre cuite qui ont attiré l'attention à l'Exposition de 1871 à Londres, et qui, peut-être, étaient ce qu'il y avait de plus remarquable, pourraient bien devenir l'ornementation architecturale de l'avenir. Il y avait une maison construite solidement et d'un effet féérique, en terre cuite et faïence.

L'exposition de 1871 de Londres renfermait des vases anglais en terre cuite d'une délicatesse d'exécution extraordinaire, des statues en basalte noir, des médaillons imités de ceux que Flaxman a rendus si célèbres; de la poterie danoise, des imitations étrusques et autres, d'un bon goût et d'une belle exécution; de la poterie indienne, remarquable par la grâce, la simplicité de ses formes et la vivacité de ses couleurs.

Vitruve, cet habile architecte romain, parle le premier de mortier aérien et de ciment hydraulique. Le ciment a maintenant un emploi des plus importants, pour les pierres artificielles, pour les grandes constructions maritimes, pour les briques coloriées et polies pour bâtisses, pour les carreaux, etc.

Le bon ciment de Portland est une matière des plus parfaites pour constructions, susceptible d'un emploi universel, et qui égale presque en solidité le granit et le porphyre. L'art de fondre des ornements en ciment trouvera, sans doute, une application générale. Le ciment magnésien est supérieur encore au ciment de Portland pour la fabrication de certains articles comme les meules, etc.

La chaux se cuisait, dans l'antiquité, dans des trous creusés dans les rochers calcaires mêmes, comme cela se pratique encore en certaines localités de l'Angleterre, et ailleurs peut être. Aujourd'hui la consommation de la chaux est des plus importantes pour l'agriculture et les constructions.

On s'imaginera difficilement l'emploi barbare auquel les fours à chaux peuvent se prêter. Pergame (Asie-Mineure), qui était, avant l'ère chrétienne, la capitale d'un puissant empire, est riche en antiquités. Dans l'enceinte du vieux château de cette place, il y a actuellement quatre fours occupés à calciner peu à peu tout ce qui reste des anciennes sculptures et marbres grecs !

L'application des tuyaux en terre cuite remonte à une haute antiquité. On a trouvé dans les ruines de Ninive des tuyaux de drainage parfaitement conservés, qui, probablement, ont servi à la conduite des eaux aux différents aqueducs, comme c'était le cas dans l'ancienne Rome. Mais il ne paraît pas qu'on ait appliqué ces tuyaux à l'agriculture. Palladius et Pline font mention de la manière primitive dont les Romains drainaient les champs, ce qui se faisait avec des fagots.

Il fut réservé aux Anglais, principalement à Smith, de Deanster, en Ecosse, d'appliquer les tuyaux de drainage à l'agriculture. Après la charrue, il n'y a peut-être pas d'invention agricole qui ait conféré un plus grand bienfait à l'humanité. La fabrication de ces tuyaux de drainage a pris un développement rapide et de plus en plus étendu, principalement en Angleterre.

Dans l'antiquité, comme aujourd'hui encore dans les pays méridionaux, les toitures étaient généralement plates ou légèrement penchées vers la cour. On employait comme couverture des dalles en pierre, en marbre ou en terre cuite. Les tuiles ne furent introduites que plus tard, après les ardoises.

Imprimerie et Librairie de E. LACROIX, rue des Saints-Pères, 54, à Paris.

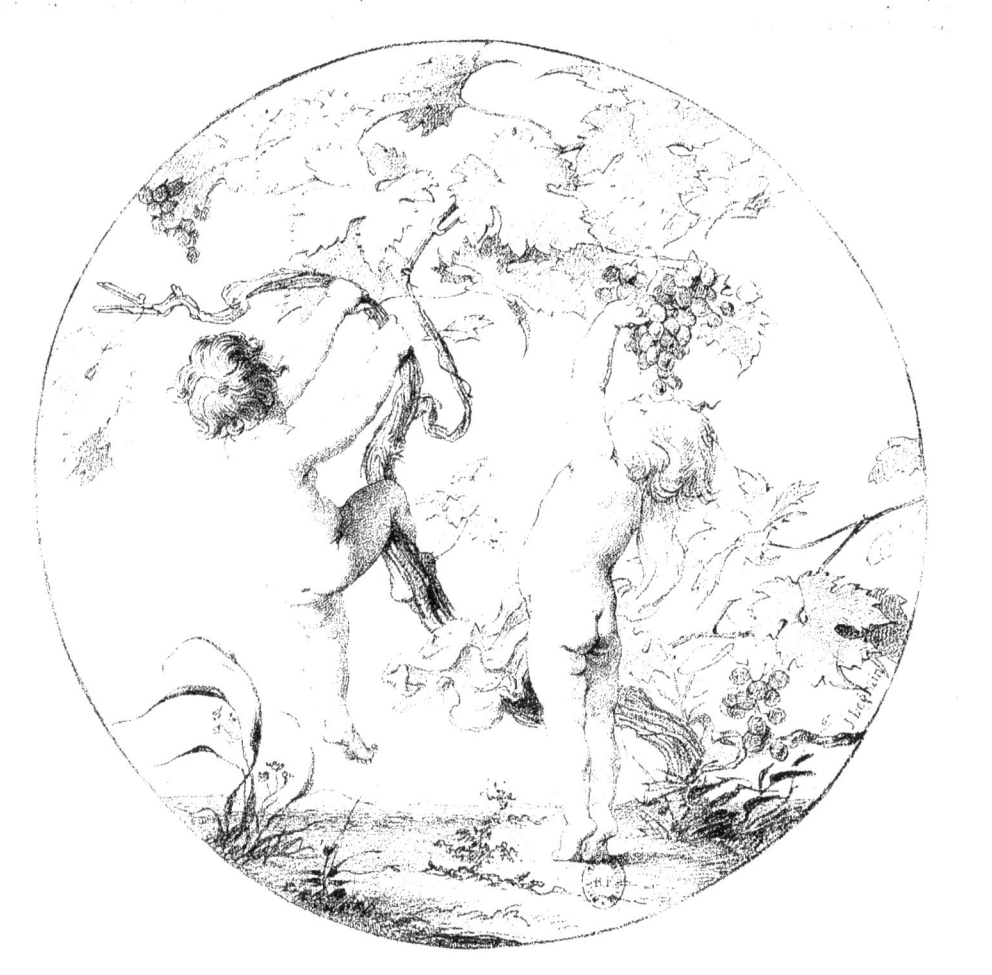

www.ingramcontent.com/pod-product-compliance
Lightning Source LLC
Chambersburg PA
CBHW070955240526
45469CB00016B/1164